KB053736

어린이

훈민정음

기초 문법

띄어쓰기

발음

맞춤법

1-2

★★★★ 4차 개정판 어린이 훈민정음

" 말이 오르면 나라도 오르고,
말이 내리면 나라도 내리나니라.

문명 강대국은 모두
자국의 문자를 사용한다. "

- 주시경

제 **1** 과　기분을 말해요(1)

1 놀이터

 다음은 놀이터에서 볼 수 있는 놀이 기구들입니다. 그림에 알맞은 놀이 기구 이름을 찾아 쓰세요.

> 회전 무대　　정글짐　　미끄럼틀　　그네

(1)

(2)

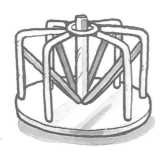

(3)

(4)

2 흉내 내는 말

🖊 두 글자씩 반복되는 흉내 내는 말을 알맞게 만들어 쓰세요.

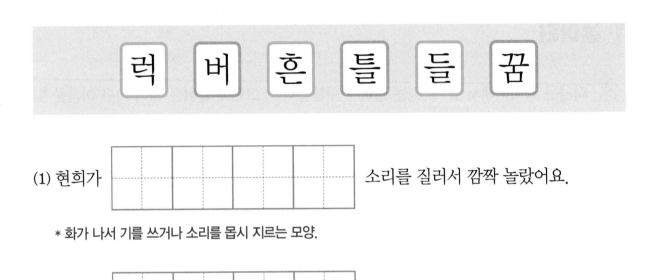

| 럭 | 버 | 흔 | 틀 | 들 | 꿈 |

(1) 현희가 ⬜⬜⬜⬜ 소리를 질러서 깜짝 놀랐어요.

  * 화가 나서 기를 쓰거나 소리를 몹시 지르는 모양.

(2) 동생이 ⬜⬜⬜⬜ 그네를 타며 놀아요.

  * 자꾸 위아래나 앞뒤나 옆으로 움직이는 모양.

| 반 | 곤 | 소 | 엉 | 짝 | 금 |

(3) 우성이가 제 귀에 ⬜⬜⬜⬜ 이야기했어요.

  * 남이 알아듣지 못하도록 작은 목소리로 자꾸 가만가만 이야기하는 소리나 모양.

(4) 밤하늘에 별이 ⬜⬜⬜⬜ 빛나요.

  * 작은 빛이 계속해서 잠깐 나타났다가 사라지는 모양.

빈칸에 알맞은 말을 찾아 넣어 문장을 완성하세요.

(5) 꽃잎이 바람에 [　　　　] 흔들려요.

* 가벼운 물체가 바람에 조금씩 자꾸 흔들리거나 움직이는 모양.

(6) 구름이 파란 하늘에 [　　　　] 떠서 흘러가요.

* 물체가 공중이나 물 위에 가볍게 떠서 움직이는 모양.

(7) 원숭이가 나무에 [　　　　] 매달려 있어요.

* 작은 물체가 매달려 가볍게 흔들리는 모양.

(8) 개구리가 [　　　　] 뛰어가요.

* 작은 것이 자꾸 세차고 가볍게 뛰어오르는 모양.

(9) 가을이 되면 산이 [　　　　] 예쁘게 변해요.

* 여러 빛깔이 한데 뒤섞여 있는 모양.

폴짝폴짝　　살랑살랑

대롱대롱　　둥실둥실　　울긋불긋

---

3 끝말잇기

✏️ 다음 뜻을 보고 알맞은 낱말을 넣어 끝말잇기를 완성하세요.

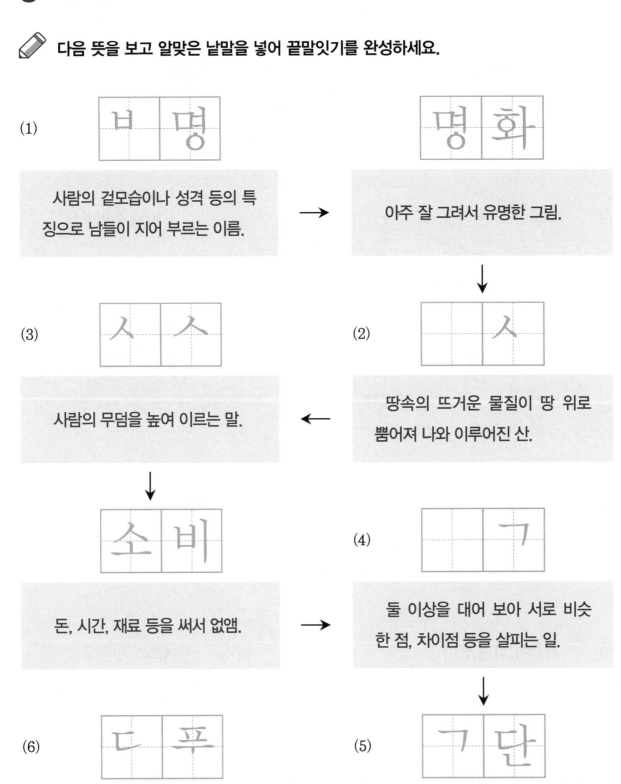

(1) ㅂ 명

사람의 겉모습이나 성격 등의 특징으로 남들이 지어 부르는 이름.

→

명 화

아주 잘 그려서 유명한 그림.

↓

(2) ㅅ

땅속의 뜨거운 물질이 땅 위로 뿜어져 나와 이루어진 산.

←

(3) ㅅ ㅅ

사람의 무덤을 높여 이르는 말.

↓

소 비

돈, 시간, 재료 등을 써서 없앰.

→

(4) ㄱ

둘 이상을 대어 보아 서로 비슷한 점, 차이점 등을 살피는 일.

↓

(5) ㄱ 단

교실에서 선생님이 가르칠 때 올라서는 단.

←

(6) ㄷ 푸

늦가을에 식물의 잎이 노란색, 빨간색, 갈색 등으로 변하는 일.

4 무슨 낱말일까요?

✏️ 빈칸에 알맞은 낱말을 넣어 문장을 완성하세요.

(1) 현석이는 ┌뛰┬틀┐ 을 힘껏 뛰어넘었어요.

* 두 손으로 짚고 뛰어넘기 위해 쓰는 기구. 나무틀 위에 가죽이나 천을 씌운다.

(2) 흉내 내는 말을 사용하면 내용이 더 ┌시┬가┐ 나게 느껴져요.

* 실제로 겪는 느낌.

(3) 나쁜 ┌ㅂ┬르┐ 은 빨리 없애는 게 좋아요.

* 오랫동안 반복하여 몸에 익어 버린 행동. 🔵 습관

(4) 책상 위에 있던 지우개가 ┌가┬쪼┬같┬이┐ 사라졌어요.

* 꾸미거나 고친 것이 전혀 알아챌 수 없을 정도로 티가 나지 않게.

(5) 이야기 속 ┌ㅈ┬ㅇ┬고┐ 이 다쳤을 때 제 마음도 아팠어요.

* 동화, 연극, 영화 등에서 사건을 이끌어 가는 중심인물.

5 낱말 뜻풀이

 빈칸에 알맞은 말을 넣어서 밑줄 친 낱말의 뜻을 풀이하세요.

(1) 제가 집에 돌아오면 강아지가 꼬리를 흔들며 <u>반겨</u> 줘요.

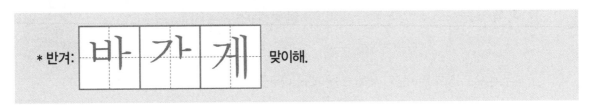

* 반겨: | 바 | 가 | 게 | 맞이해.

(2) 형준이는 신이 나서 팔을 <u>휘저으며</u> 소리를 질렀어요.

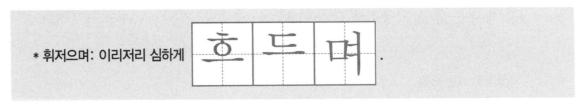

* 휘저으며: 이리저리 심하게 | 흐 | 드 | 며 |.

(3) 기분이 어떤지 <u>솔직하게</u> 말해 주세요.

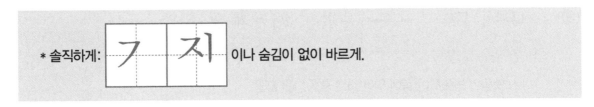

* 솔직하게: | ㄱ | 지 | 이나 숨김이 없이 바르게.

(4) 친구에게 비밀을 털어놓으니까 속이 <u>후련해요</u>.

* 후련해요: 답답한 마음이 풀려서 | ㅅ | 워 | 해 | 요 |.

(5) 할머니는 <u>양산</u>을 쓰고 밖에 나가셨어요.

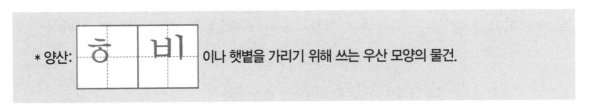

* 양산: | ㅎ | 비 | 이나 햇볕을 가리기 위해 쓰는 우산 모양의 물건.

6 바르게 쓰기

 밑줄 친 부분을 바르게 고쳐 쓰세요.

(1) 우리는 내일 동물원으로 현장 체엄 학습을 가요.

(2) 아무 때나 너희 집에 놀러 가도 괜찬아?

(3) 저는 노래말이 멋있어서 이 노래를 좋아해요.

(4) 오전에 동생과 블럭을 쌓으며 놀았어요.

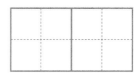

(5) 예들아, 우리 같이 놀자.

(6) 고양이가 우리를 자꾸 처다봐요.

1 흉내 내는 말

✏️ 흉내 내는 말을 빈칸에 쓰세요. 다음 글자 중 하나를 골라 연속으로 사용하세요.

씽 졸 낑 펑 꽁 휘

(1) 윤정이가 이사 간다는 소식을 듣고 희진이는 [ ] 울었어요.

　＊ 액체가 약간 넓은 구멍으로 세차게 쏟아져 나오는 소리나 모양.

(2) 친구들이 자전거를 타고 제 옆을 [ ] 지나가요.

　＊ 사람이나 물체가 바람을 일으킬 만큼 매우 빠르게 움직일 때 나는 소리나 모양.

(3) 민정이는 땀을 닦으면서 [ ] 산을 올랐어요.

　＊ 몹시 아프거나 힘이 들어 괴롭게 자꾸 내는 소리.

(4) 송아지가 파리를 쫓으려고 꼬리를 [ ] 휘둘렀어요.

　＊ 이리저리 휘두르거나 흔드는 모양.

✏️ **빈칸에 흉내 내는 말을 알맞게 넣어 문장을 완성하세요.**

(5) 파도가 쳐서 모래성이 　　　　　　　　　 무너졌어요.

* 갑자기 한꺼번에 무너지거나 부서지는 소리나 모양.

(6) 우리는 미끄럼틀을 타고 　　　　　　　　　 내려갔어요.

* 물건이 쓸리면서 시원하게 나는 소리나 모양.

(7) 아이들이 모여 앉아서 　　　　　　　　　 이야기해요.

* 작고 빠른 목소리로 자꾸 몹시 떠드는 소리나 모양.

(8) 하늘이 어두워지더니 　　　　　　　　　 비가 쏟아졌어요.

* 굵은 빗방울 등이 갑자기 떨어지는 소리.

(9) 아기가 저를 보고 　　　　　　　　　 웃었어요.

* 입을 예쁘게 약간 벌리며 소리 없이 가볍게 한 번 웃는 모양.

방긋　　　　재잘재잘

스르륵　　　　와장창　　　　후드득

---

2 기분을 나타내는 말

✏️ 그림을 보고 기분을 나타내는 말을 알맞게 찾아 쓰세요.

(1)

(2)

(3)

(4)

(5)

(6)

무서워요   화나요   즐거워요

기뻐요   답답해요   슬퍼요

다음 상황에서 어떤 기분이 들까요? 빈칸에 알맞은 말을 찾아 쓰세요.

(7) 하영이가 그림을 멋지게 그려서 선생님께 칭찬을 받았어요. 그림을 잘 그리는 하영

이가  .

(8) 놀이공원에 왔어요. 그런데 사람이 많아 놀이 기구 앞에서 한 시간 넘게 기다리고

있어요. 너무  .

(9) 깜빡 잊고 색종이를 가져오지 못했어요. 그런데 짝꿍 동민이가 빌려주었어요. 동민

이가 도와줘서  .

(10) 쉬는 시간에 급하게 화장실에 가다가 저도 모르게 준수의 발을 밟았어요. 준수에게

 .

미안해요   부러워요   지루해요   고마워요

3 날씨

 날씨와 관계있는 말입니다. 빈칸에 알맞은 낱말을 쓰세요.

(1)   이 따뜻해요.

(2)   이 조금 끼었어요.

(3)   이 쌩쌩 불어요.

(4) 번쩍번쩍  가 쳐요.

(5)    이 우르르 쾅쾅 울려요.

4 국어 공책 쓰기

 다음 문장을 괄호 안의 횟수만큼 띄워서 국어 공책에 옮겨 쓰세요.

(1) 손바닥만한잠자리가날아왔어요.(3)

								잠	
								.	

(2) 민지가저를보고도모른척했어요.(4)

							보
							.

(3) 흉내내는말을사용하면실감나게쓸수있어요.(8)

					말	
					나	
					.	

제**3**과 낱말을 정확하게 읽어요(1)

1 어느 부위일까요?

 사람과 동물의 신체 부위를 나타내는 말을 알맞게 넣어 문장을 완성하세요.

(1)  옷을  위까지 걷어요.

(2)  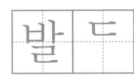 으로 공을 찼어요.

(3)  강아지가  를 살랑살랑 흔들어요.

(4)  새가  를 펼치고 날아가요.

2 박물관

 박물관을 이용할 때 지켜야 할 규칙입니다. 빈칸에 알맞은 낱말을 쓰세요.

(1) 박물관 안에서는 조용히 과 라 합니다.

　* 연극, 영화, 운동 경기, 미술품 등을 구경함.

(2) 저 ㅅ 된 물건은 손으로 만지지 않습니다.

　* 여러 가지 물건을 한곳에 늘어놓고 사람들에게 보임.

(3) 함부로 ㅅ ㅈ 을 찍지 않습니다.

　* 오랫동안 남길 수 있게 찍은 물체의 모습.

(4) 다른 사람들의 박물관 이용을 바 ㅎ 하지 않습니다.

　* 남의 일을 잘못되게 하거나 못하게 함.

(5) 바닥이 미끄러우니 넘어지지 않도록 ㅈ ㅇ 합니다.

　* 마음에 새겨 두고 조심함.

3 쌍받침과 겹받침

1. 쌍받침

같은 자음자가 겹쳐서 된 받침. 'ㄲ', 'ㅆ'이 있습니다.

예 낚시, 있다

2. 겹받침

서로 다른 두 자음자로 이루어진 받침. 'ㄳ', 'ㄵ', 'ㄺ', 'ㄻ' 등이 있습니다.

예 넋, 앉다, 읽다, 삶

 다음 글 속 밑줄 친 낱말을 '쌍받침이 쓰인 낱말'과 '겹받침이 쓰인 낱말'로 나누어 쓰세요.

> 최 서방은 국밥집 앞을 지나다가 국밥집에서 나는 냄새를 <u>맡았다</u>.
>
> 국밥집 영감은 그 모습을 보고 최 서방에게 냄새 맡은 <u>값</u>을 내라고 말했다.
>
> 최 서방은 자리에 <u>앉아</u> 가만히 생각해 보았다. 그러다 무릎을 탁 치고 일어
>
> 나더니, 돈주머니를 꺼내어 국밥집 영감 귀 옆에서 <u>흔들었다</u>.
>
> "이 소리 들으셨지요? 그러면 저는 이만 가겠습니다."

(1) 쌍받침이 쓰인 낱말	(2) 겹받침이 쓰인 낱말

그림을 보고, 빈칸에 겹받침이 들어간 낱말을 쓰세요.

(3)  책을 | 이 | 다 | .

(4)  발을 | 바 | 다 | .

(5)  구멍을 | 뚜 | 다 | .

(6)  물건이 | 어 | 다 | .

(7)  아프지 않고 | 괜 | 차 | 다 | .

4 무슨 낱말일까요?

✎ 다음 설명에 알맞은 낱말을 찾아 쓰세요.

> 이웃   요원   먼지   편지   신문

(1) 상대방에게 전하고 싶은 내용을 적어 보내는 글.

(2) 공중에 떠다니거나 물체 위에 쌓이는, 작고 가벼운 물질.

(3) 세상에서 일어나는 새로운 사건이나 사실을 담은 종이.

(4) 가까이 사는 집. 또 그 집에 사는 사람.

(5) 어떤 곳에서, 어떤 일을 하는 데에 필요한 사람.

빈칸에 알맞은 낱말을 넣어 문장을 완성하세요.

(6) 성훈이의 은 바람을 타고 하늘 높이 날아올랐어요.

　* 종이에 가는 대나무 가지를 붙인 뒤, 실을 매어 공중에 높이 날리는 장난감.

(7) 오늘처럼 맑은 날은 벽에 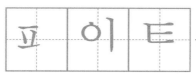 를 칠하기에 딱 좋아요.

　* 물체를 보호하거나 고운 빛깔을 내기 위해 물체에 칠하는 재료.

(8) 받침에 자음자가 두 개 있더라도 하나만  해요.

　* 말을 목소리로 내는 일.

(9) 승윤이는 할머니와 함께 에서 고구마를 캤어요.

　* 채소나 곡식을 심어 농사를 짓는 땅.

(10) 만화 속 주인공이 아슬아슬하게  에 성공했어요.

　* 어떤 상황에서 빠져나옴.

(11) 자전거를 탈 때에는 반드시  를 써야 해요.

　* 머리가 다치는 것을 막기 위해 쓰는 모자.

5 'ㅟ'

 다음 그림과 설명을 보고 모음 'ㅟ'가 들어가는 낱말을 쓰세요.

(1)

매우 큰 돌.

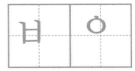

(2)

몸은 붉은 갈색, 아래쪽은 흰색이고 등에 검은 줄 다섯 개가 있는 동물.

(3)

단단한 나무로 여섯 면의 물체를 만들어, 각 면에 하나에서 여섯까지 점을 찍은 놀이 도구.

(4)

몸 전체가 검은색이며, 부리가 굵고 날카로운 새.

(5)

긴 나무판의 가운데를 받쳐 놓고, 양쪽 끝에서 한 사람씩 번갈아 뛰어오르는 놀이.

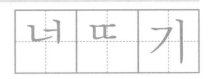

제 **4** 과 낱말을 정확하게 읽어요(2)

1 학교

✏️ 학교에서 볼 수 있는 곳입니다. 설명에 알맞은 장소의 이름을 찾아 쓰세요.

> 복도　　　보건실
>
> 도서실　　　체육관　　　급식실

(1) 안에서 여러 운동 경기를 할 수 있게 지은 건물.

(2) 학교에서 학생들의 건강을 관리하는 방.

(3) 건물 안에서 다닐 수 있게 만든 길.

(4) 학교나 회사 등에서 사람들이 밥을 먹도록 만든 곳.

(5) 책을 모아 두고, 사람들이 볼 수 있게 만든 방.

2 겹받침

 '[   ]' 안에 소리 나는 대로 적힌 말을 맞춤법에 맞게 쓰세요.

(1) 여기는 물이 참 [막따].

(2) 진형이는 땅에 씨를 심은 뒤에 [흘글] 덮어 주었어요.

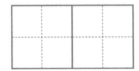

(3) 냄비 속의 물이 팔팔 [끄러요].

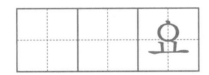

(4) 어머니께서 아주머니께 [약깝쓰로] 만 원을 주셨어요.

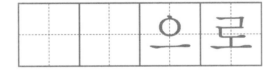

(5) 저는 훈민초등학교에 다니는 [여덜] 살 어린이예요.

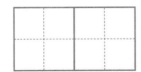

✎ 밑줄 친 낱말의 반대말을 빈칸에 쓰세요.

(6) 가방 안에 필통이 있다.

(7) 이 책은 무척 두껍다.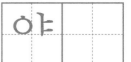

(8) 나뭇가지가 정말 가늘다.

(9) 방이 매우 어둡다.

(10) 코끼리 꼬리는 꽤 길다.

(11) 내 방은 너무 좁다.

3 비슷한말

✏️ **밑줄 친 낱말의 비슷한말을 빈칸에 쓰세요.**

(1)
사슴은 있는 힘껏 달려 사자에게서 <u>겨우</u> 도망칠 수 있었어요.

현수는 열심히 달려서 | 가 | 시 | 히 | 약속 시간에 도착했어요.

(2)
이렇게 늦은 <u>이유</u>를 말해 줘.

무슨 | 까 | 닭 | 이 있어서 이렇게 늦었니?

(3)
지은이는 오랫동안 하늘을 올려다<u>보았어요.</u>

다영이는 가위가 어디 있는지 | 하 | 차 | 찾았어요.

(4)
놀부의 <u>아내</u>는 흥부를 집 밖으로 내쫓았어요.

다른 사람의 아내를 높여 부를 때에는 '| 부 | 인 |'이라고 해요.

(5)
진희가 손을 높이 들고 <u>횡단보도</u>를 건너요.

푸른 불이 켜지면 차가 오나 살피고 | 건 | 너 | 목 |을 걸어가요.

4 무슨 뜻일까요?

✏️ 밑줄 친 낱말의 뜻을 찾아 번호를 쓰세요.

(1) 토끼는 잠에서 깨어나 거북이를 <u>바삐</u> 쫓아갔어요.　　　　　(　　)

　　① 매우 천천히.

　　② 몹시 급하게.

　　③ 아주 짧은 시간에.

(2) 오빠와 여동생이 기도하자 하늘에서 <u>동아줄</u>이 내려왔어요.　　(　　)

　　① 여러 가닥을 꼬아 굵고 튼튼하게 만든 줄.

　　② 썩어서 못 쓰게 된 줄.

　　③ 색이 화려하게 아름다운 줄.

(3) <u>하마터면</u> 늑대에게 잡아먹힐 뻔했어요.　　　　　　　　(　　)

　　① 하마였다면.

　　② 자신이었다면.

　　③ 조금만 잘못했더라면.

(4) <u>귀가하면서</u> 내일 쓸 준비물을 샀어요.　　　　　　　　(　　)

　　① 귀찮게 생각하면서.

　　② 다른 물건을 사면서.

　　③ 집으로 돌아가거나 돌아오면서.

5 바르게 쓰기

 바르게 쓴 낱말에 동그라미 하세요.

(1) 성은이는 사과 [개수 / 갯수] 를 세어 보았어요.

(2) 쥐는 무릎을 [끓고 / 꿇고] 사자에게 살려 달라고 부탁했어요.

(3) 문밖에서 비를 맞고 있는 새끼 고양이가 참 [가엾다 / 가엽다] .

(4) 책상에 [부딛쳐서 / 부딪쳐서] 다리에 멍이 들었어요.

(5) 어제 읽은 책의 [재목 / 제목] 이 뭐였더라?

6 국어 공책 쓰기

 다음 문장을 괄호 안의 횟수만큼 띄워서 국어 공책에 옮겨 쓰세요.

(1) 쓰레기를아무데나버리면안돼.(5)

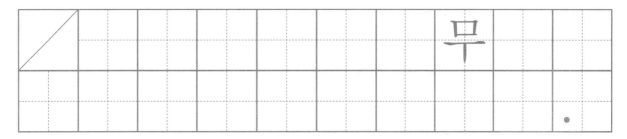

(2) 지난번에한약속절대어기지마!(5)

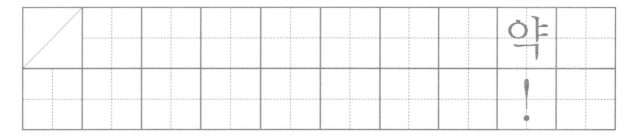

(3) 아버지는씨앗하나를흙속에심고는물을주셨어요.(7)

제 **5** 과   그림일기를 써요(1)

1 -가

> | -가 | : 어떤 일에 대한 많은 지식과 경험을 가지고 그 일을
> 직업으로 하는 사람.

✎ **다음 설명을 읽고, '–가'가 들어간 사람을 쓰세요.**

(1) 잘 알려지지 않은 곳을 찾아다니며 살펴보는 일을 하는 사람.

(2) 그림 그리는 일을 하는 사람.

(3) 아직 없던 물건이나 기술을 새로 생각하여 만들어 내는 일을 하는 사람.

(4) 노래의 가사를 짓는 사람.

2 된소리가 들어가는 낱말

 그림을 보고 된소리가 들어간 낱말을 쓰세요.

(1)

| | 꿈 | |

(2)

| | 쌀 | |

(3)

| | 리 | |

(4)

| | 레 | 기 |

(5)

| | 개 | |

(6)

| | 볶 | 이 |

3 그림일기

 다음은 그림일기를 쓰는 방법입니다. 빈칸에 알맞은 낱말을 쓰세요.

10월 16일 일요일	비가 주룩주룩	←(1)

(그림) ←(2)

	성	규	네		집	에		놀	러	갔
는	데		강	아	지	가		있	었	다	.
강	아	지	가		무	척		귀	여	워	서
쓰	다	듬	어		주	었	다	.	나	도
강	아	지	를		키	우	고		싶	다	.

←(3)

(1) 날짜와 요일, 　나 씨　 를 씁니다.

(2) 그날 경험한 일 가운데에서 기억에 남는 일을 　그 리　 으로 그립니다.

(3) 기억에 남는 일과 생각이나 　ㄴ ㄲ　 을 씁니다.

✏️ **다음 일기의 빈칸에 알맞은 낱말을 넣어 일기를 완성하세요.**

10월 23일 일요일					해가 (4)			
(5)			에	서	창	재	와	(6)
		를	했	다 .	한		번	에
50	번	을	넘	었	다 .	이	렇	게
많	이	넘	은	것	은	(7)		이
처	음	이	라	정	말	기	뻤	다 .

(4) 짜 짜   햇볕 등이 몹시 내리쬐는 모양.

(5) ㅇ ㄷ 자   운동이나 놀이 등을 할 수 있도록 여러 가지 기구 등을 갖춘 넓은 곳.

(6) 주 ㄴ ㄱ   양손으로 줄의 끝을 잡고 발 아래에서 머리 위로 돌리면서 그 줄을 뛰어넘는 운동.

(7) ㅇ ㄴ   지금 지나가고 있는 이날.

4 꾸며 주는 말

✏️ 설명을 보고 빈칸에 알맞은 낱말을 찾아 쓰세요.

(1) 단순하고 짧게.

(2) 매우 어렵고 힘들게.

(3) 작은 부분까지 분명하게.

(4) 마음속에서 우러나와 매우 정성스럽게.

(5) 모자람이 없이 넉넉하게.

자세히   간단히   간신히

충분히   간절히

5 반대말

 밑줄 친 낱말의 반대말을 빈칸에 쓰세요.

(1)
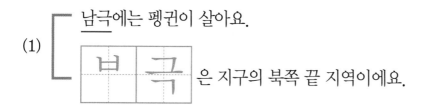

남극에는 펭귄이 살아요.

ㅂ	극

은 지구의 북쪽 끝 지역이에요.

(2)
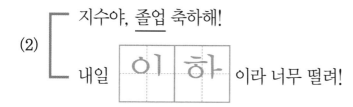

지수야, 졸업 축하해!

내일 | 이 | 하 | 이라 너무 떨려!

(3)
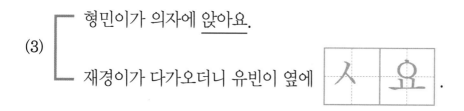

형민이가 의자에 앉아요.

재경이가 다가오더니 유빈이 옆에 | ㅅ | 요 | .

(4)
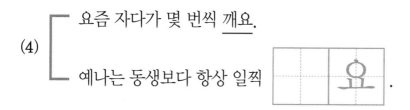

요즘 자다가 몇 번씩 깨요.

예나는 동생보다 항상 일찍 | | 요 | .

(5)
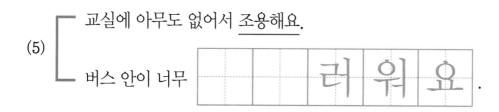

교실에 아무도 없어서 조용해요.

버스 안이 너무 | | | 러 | 워 | 요 | .

6 바르게 쓰기

 밑줄 친 낱말을 바르게 고쳐 쓰세요.

(1) 여름이 되면 할머니 <u>덱</u>에 놀러 가요.

(2) 재준이는 바른 <u>자새</u>로 앉아 책을 읽어요.

(3) 와! 사과가 아주 <u>빨갓게</u> 익었네!

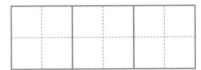

(4) 이 계곡은 매우 <u>깁퍼서</u> 조심해야 해요.

(5) 미주와 형호는 <u>돋자리</u>에 앉아 김밥을 먹어요.

(6) 누가 범인인지 정말 <u>궁굼해</u>.

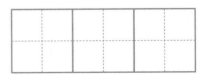

제 **6** 과　그림일기를 써요(2)

1 장소

✏️ **다음 설명을 읽고 빈칸에 알맞은 낱말을 골라 쓰세요.**

(1) 농사에 필요한 땅과 동물, 기구 등을 갖추고 농사를 짓는 곳.

(2) 풀이나 나무 등을 심어 사람들이 쉬거나 놀 수 있게 만든 곳.

(3) 오래되거나 귀중한 물건들을 모아 놓고 사람들이 볼 수 있게 만든 곳.

(4) 먹을 수 있는 열매를 얻기 위해 나무를 심어 가꾸는 곳.

박물관　　공원　　농장　　과수원

2 무엇을 하나요?

 빈칸에 알맞은 낱말을 써넣어 문장을 완성하세요.

(1) 연아가 방에서 음악을  .

(2) 수환이가 공책에 글자를 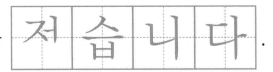 .

(3) 지후가 바구니에 과일을  .

(4) 경모가 색연필로 사자를  .

(5) 제민이가 큰 목소리로 자신있게  .

(6) 효진이가 어질러진 책상을 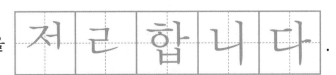 .

3 그림일기 바르게 쓰기

 다음 그림일기에서 잘못 쓴 낱말을 찾아 바르게 고쳐 쓰세요.

11월 3일 수요일					구름이 조금			

	숲	으	로		소	풍	을		갔	어	요.
나	무	에		새	까	만		벌	래	가	
부	터		있	었	는	데		더	듬	이	가
굉	장	히		길	었	어	요.		무	척	
신	기	하	고		귀	여	웠	어	요.		

(1)

(2)

(3)

(4)

4 무슨 낱말일까요?

🖉 다음 설명에 알맞은 낱말을 찾아 쓰세요.

체험	이불	견학	대회	안내

(1) 잠을 잘 때 몸을 덮기 위해 쓰는 물건.

(2) 어떤 내용, 장소, 행사 등을 남에게 알려 주는 일.

(3) 서로의 실력을 겨루기 위해 많은 사람이 모이는 큰 모임.

(4) 자기가 몸으로 직접 겪는 일.

(5) 실제로 가서 보고 배우는 일.

글자 카드를 이용해서 다음 뜻에 알맞은 낱말을 만들어 쓰세요.

(6) 어떤 일에 모든 힘을 쏟아부음.

고 집 연 개 중 습

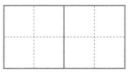

(7) 어떤 사실이나 결과 등을 널리 알리는 일.

발 사 표 오 준 비

(8) 마주 보고 서로 이야기를 주고받는 일.

진 야 대 소 이 화

(9) 머릿속으로 무엇을 떠올리고 판단하는 일.

학 생 지 각 재 교

(10) 좋은 점이나 착한 일을 잘했다고 평가하는 말.

칭 양 구 보 기 찬

5 낱말 뜻풀이

✏️ 빈칸에 알맞은 말을 넣어서 밑줄 친 낱말의 뜻을 풀이하세요.

(1) 재환이는 매일 일기를 써요.

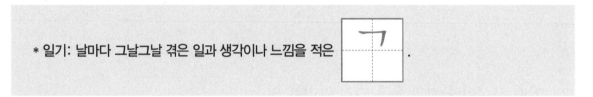

* 일기: 날마다 그날그날 겪은 일과 생각이나 느낌을 적은 ┌ㄱ┐.

(2) 강준이는 집에 오자마자 세수를 했어요.

* 세수: 물로 손이나 어구을 씻는 일.

(3) 유연이는 생일 선물로 곰 인형을 받았어요.

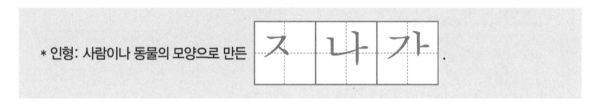

* 인형: 사람이나 동물의 모양으로 만든 ㅈ나가.

(4) 경은이가 수업 준비물을 집에 두고 왔어요.

* 준비물: 해야 할 일에 필요하여 미리 갖추어 놓는 무ㄱ.

(5) 성현이는 수업 시간에 자꾸 딴짓을 했어요.

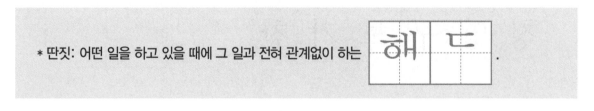

* 딴짓: 어떤 일을 하고 있을 때에 그 일과 전혀 관계없이 하는 해ㄷ.

6 국어 공책 쓰기

 다음 문장을 괄호 안의 횟수만큼 띄워서 국어 공책에 옮겨 쓰세요.

(1) 사과를직접따보니재미있어요. (4)

					직				
							.		

(2) 어떻게그런말을할수있니? (5)

					그				
					?				

(3) 오늘은언니대신예린이가방정리를해보렴. (7)

				언					
				방					
			.						

제 **7** 과 감동을 나누어요(1)

1 그림 보고 낱말 맞히기

 그림과 설명을 보고 알맞은 낱말을 빈칸에 쓰세요.

(1)

콩이나 쌀 등을 가는 데에 쓰는, 돌로 만든 도구.

맷	ㄷ

(2)

임금이 사는 집.

ㄱ	궐

(3)

식사할 때 밥과 함께 먹는 음식.

반	ㅊ

(4)

남의 물건을 훔치거나 빼앗는 짓을 하는 사람.

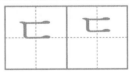

ㄷ	ㄷ

2 만화 영화

✏️ **만화 영화를 더 재미있게 보는 방법입니다. 빈칸에 알맞은 낱말을 찾아 쓰세요.**

(1) 인물이 어떤 말과 　　　　　 을 하는지 살펴요.

　　* 몸을 움직여 어떤 일을 함.

(2) 인물의 말투와 　　　　　 을 자세히 관찰해요.

　　* 마음 속의 기분이 얼굴에 드러난 모습.

(3) 만화 영화에서 일어난 일을 순서대로 　　　　　 해요.

　　* 일정한 순서나 원리에 따른 상태가 되게 함.

(4) 재미있거나 감동적인 　　　　　 에 대해 친구들과 이야기해요.

　　* 영화나 연극 등에서 벌어지는 어떤 일의 모습.

정리　　　행동　　　장면　　　표정

3 큰따옴표와 작은따옴표

부호	이름	언제 쓸까요?	어떻게 읽을까요?
" "	큰따옴표	소리 내어 말한 것을 적을 때 써요.	직접 말하듯이 실감 나게 읽어요.
' '	작은따옴표	마음속으로 한 말을 적을 때 써요.	혼자서 생각하듯이 작게 읽어요.

* 문장 앞에 쓰는 큰따옴표와 작은따옴표는 칸의 오른쪽 위에, 문장 뒤에 쓰는 큰따옴표와 작은따옴표는 칸의 왼쪽 위에 씁니다.

✏️ 빈칸에 알맞은 따옴표를 넣으세요.

지난주 만들기 수업 시간이었습니다. 나는 색종이를 가져오지 않아 아무것도 못하고 있었습니다. 그때 누가 뒤에서 불렀습니다.

[1] 준수야, 이거 쓸래? [1]

연아가 웃으며 색종이를 건넸습니다. 그날은 연아 덕분에 수업 시간을 재미있게 보낼 수 있었습니다. 친절한 연아를 보면서 생각했습니다.

[2] 나도 친구들을 잘 도와주어야지! [2]

---

(1) 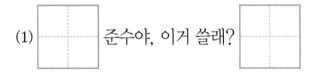 준수야, 이거 쓸래?

(2) 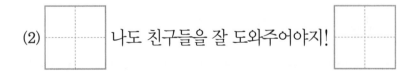 나도 친구들을 잘 도와주어야지!

4 국어 공책에 대화글 쓰기

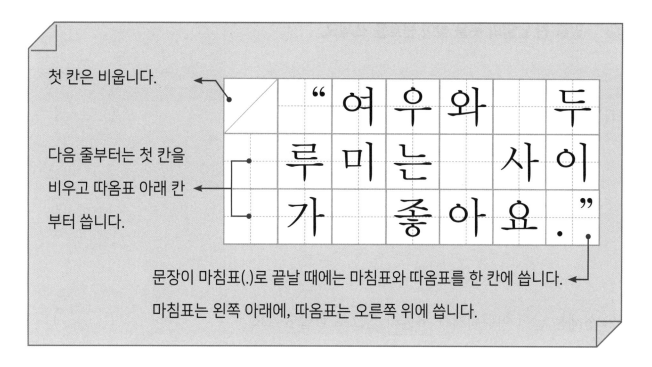

첫 칸은 비웁니다.

다음 줄부터는 첫 칸을 비우고 따옴표 아래 칸 부터 씁니다.

"여우와 두루미는 사이가 좋아요."

문장이 마침표(.)로 끝날 때에는 마침표와 따옴표를 한 칸에 씁니다.
마침표는 왼쪽 아래에, 따옴표는 오른쪽 위에 씁니다.

✏️ 빈칸에 알맞은 따옴표를 넣으세요.

(1)

"선생님, 안녕하세요?"

(2)

'나도 커서 선생님이 되어야지.'하고 생각했어요.

5 무슨 뜻일까요?

🖋 밑줄 친 낱말의 뜻을 찾아 번호를 쓰세요.

(1) 연욱이는 전학 간 친구를 <u>우연히</u> 만났어요.　　　　(　)

　　① 어쩔 수 없이.

　　② 어떤 일이 뜻하지 않게 저절로 이루어져 신기하게.

　　③ 생각보다 일이 잘 되어 운이 좋게.

(2) 선혜는 날이 어두워지자 <u>서둘러</u> 집으로 출발했어요.　　(　)

　　① 급하지 아니하고 느리게.

　　② 잔뜩 겁을 먹은 상태로.

　　③ 빨리 하려고 급하게 움직여.

(3) 반찬을 <u>골고루</u> 먹어야 건강해져요.　　　　　　　(　)

　　① 자기가 좋아하는 것만 골라.

　　② 보통 사람보다 많이.

　　③ 이것저것 빼놓지 않고.

(4) 소가 풀밭에서 <u>한가로이</u> 풀을 뜯고 있어요.　　　　(　)

　　① 급하거나 바쁘지 않고 여유 있게.

　　② 여유가 없어 몹시 바쁘게.

　　③ 몸을 아래로 구부리거나 바닥에 댄 상태로.

6 꾸며 주는 말

✏️ 뜻풀이에 알맞은 낱말을 찾아 넣어 문장을 완성하세요.

몰래   점점   그냥   자꾸

---

(1) 날씨가 ☐☐ 더워져요.

* 시간이 지남에 따라 조금씩 더.

(2) 현성이는 누나 ☐☐ 생일 선물을 준비했어요.

* 남이 모르게 살짝.

(3) 경민이가 감기에 걸려서 ☐☐ 기침을 해요.

* 여러 번 반복하거나 계속해서.

(4) 미희는 문구점에 갔다가 사고 싶은 게 없어서 ☐☐ 나왔어요.

* 더 이상의 변화 없이 그 상태 그대로.

7 같은 소리, 다른 뜻

글자의 모양과 소리는 같지만 뜻이 다른 낱말이 있습니다. 괄호 안에 공통으로 들어갈 낱말을 빈칸에 쓰세요.

(1)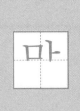

① 우철이는 아무 (　　)도 없이 혼자 가 버렸어요.

＊ 생각이나 느낌 등을 표현하고 전달하는 사람의 목소리.

② 옛날 사람들은 (　　)을 타고 먼 곳까지 이동했어요.

＊ 목과 얼굴, 다리가 길고, 꼬리에 긴 털이 나 있는 큰 짐승.

(2)

① 아기가 울음을 (　　) 그쳤어요.

＊ 계속되던 것이 갑자기 그치는 모양.

② 세찬 바람에 감이 나무에서 (　　) 떨어졌어요.

＊ 큰 물체나 물방울 등이 아래로 떨어지는 소리나 모양.

(3)

① 성은아, (　　)를 들고 하늘 좀 봐.

＊ 사람이나 동물의, 목을 포함한 머리 부분.

② 이 (　　)만 넘어가면 우리 집이에요.

＊ 사람이나 자동차가 길을 따라 넘을 수 있는 산이나 언덕.

(4)

① 선생님의 말씀을 공책에 받아 (　　).

＊ 어떤 내용을 글로 쓰다.

② 우리 학교에는 남자보다 여자가 (　　).

＊ 수나 양이 기준에 미치지 못하다.

8 비슷한말, 반대말

 밑줄 친 낱말의 비슷한말이나 반대말을 빈칸에 쓰세요.

(1)
┌ 우리는 가위바위보를 하여 놀이 순서를 정했어요.
│
└ 버스를 탈 때에는 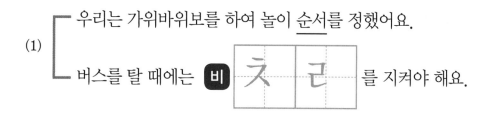 를 지켜야 해요.

(2)
┌ 우리 집 주변에 영화관이 새로 생겼어요.
│
└ 꿀벌이 꽃 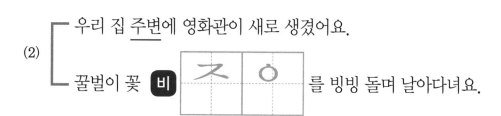 를 빙빙 돌며 날아다녀요.

(3)
┌ 배우들이 얼굴에 가짜 수염을 붙였어요.
│
└ 할아버지께서 만드신 인형은 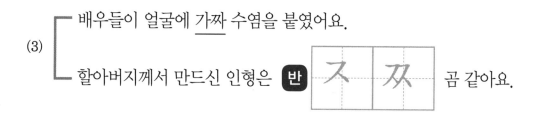 곰 같아요.

(4)
┌ 참새는 우리 동네에서 흔한 새예요.
│
└ 도둑이 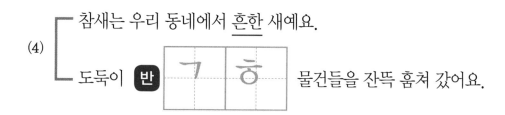 물건들을 잔뜩 훔쳐 갔어요.

(5)
┌ 민정이가 전학을 간다며, 그게 정말이야?
│
└ 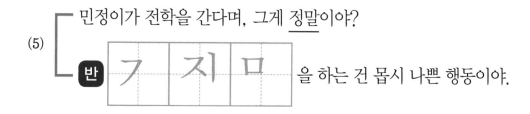 을 하는 건 몹시 나쁜 행동이야.

1 동작을 나타내는 말

✏️ '보다, 입다, 쓰다'처럼 동작을 나타내는 말이 있습니다. 그림을 보고 빈칸에 동작을 나타내는 말을 쓰세요.

(1)

자전거를 ｜타｜　｜．

(2)

밥을 ｜ㅁ｜　｜．

(3)

얼굴을 ｜ㅆ｜　｜．

(4)

이를 ｜ㄷ｜　｜．

(5)

팽이를 ｜도｜ㄹ｜　｜．

(6)

신발끈을 ｜ㅁ｜　｜．

2 시간을 나타내는 말

✎ 다음 설명을 읽고 빈칸에 시간을 나타내는 말을 알맞게 찾아 쓰세요.

(1)   해가 져서 어두워진 때부터 밤이 되기 전까지의
      시간.

(2)   날이 밝을 때쯤.

(3)   아주 오래된 지난날.

(4)   어떤 날의 다음 날.

저녁   이튿날   새벽   옛날

3 사이시옷

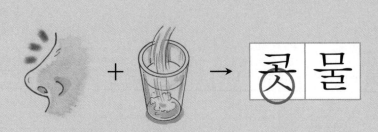

콧물은 '코'와 '물'이 합쳐진 말입니다. 이처럼 두 낱말이 합쳐지면서 'ㅅ'이 붙기도 합니다. 이러한 'ㅅ'을 '사이시옷'이라고 합니다.

✏️ 다음 두 낱말을 합쳐 한 낱말로 쓰세요.

(1) 바다 + 속 →

(2) 코 + 등 →

(3) 고기 + 배 →

(4) 이 + 몸 →

(5) 노래 + 말 →

(6) 시내 + 물 →

(7) 나무 + 잎 →

(8) 뒤 + 일 →

4 흉내 내는 말

 그림을 보고 빈칸에 알맞은 낱말을 찾아 쓰세요.

(1)  정훈이는 풀밭에  누웠어요.

* 팔이나 다리를 활짝 벌리고 뒤로 자빠지거나 눕는 모양.

(2)  용재는 천둥소리에  놀랐어요.

* 갑자기 놀라는 모양.

(3)  윤호는 백 점을 받아서 어깨가  올라갔어요.

* 어깨를 들었다 놓으며 뽐내는 모양.

(4)  효정이는 무서워서 눈을  감았어요.

* 바짝 힘을 주어 눈이나 입 등의 사이를 눌러 닫는 모양.

으쓱   깜짝   질끈   벌렁

5 무슨 낱말일까요?

✎ 다음 설명에 알맞은 낱말을 찾아 쓰세요.

> 감동　　용기　　후회　　도전　　의심

(1) 크게 느끼어 마음이 움직임.

(2) 이전의 잘못을 깨닫고 뉘우침.

(3) 씩씩하고 굳센 기운.

(4) 확실히 알 수 없어 믿지 못하는 마음.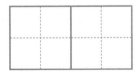

(5) 어려운 일을 해내기 위해 나섬.

(6) 기승이는 뱀을 보자마자 잽싸게  갔어요.

     * 피하거나 쫓기어 달아남.

(7) 시현이가 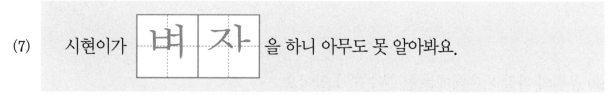 을 하니 아무도 못 알아봐요.

     * 원래 모습을 알아볼 수 없게 하려고 얼굴, 옷차림 등을 다르게 바꿈.

(8) 유찬이가 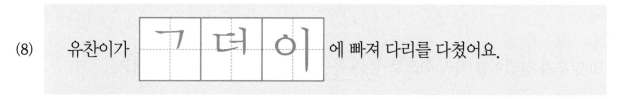 에 빠져 다리를 다쳤어요.

     * 땅이 푹 파인 곳.

(9) 놀부는 성격이 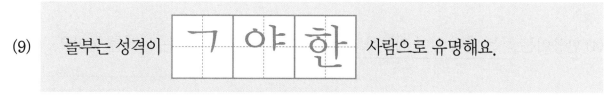 사람으로 유명해요.

     * 마음씨나 말, 행동 등이 아주 못되고 사나운.

(10) 배가 심한 파도로 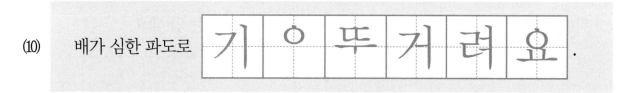 .

     * 물체가 넘어질 듯이 자꾸 이쪽저쪽으로 기울어지며 흔들려요.

6 바꾸어 쓰기

 밑줄 친 부분을 한 낱말로 바꾸어 쓰세요.

(1) 놀부는 돈이 많은 사람이지만 마음씨가 아주 나빠요.

(2) 공원의 가장 가운데에는 큰 분수대가 있어요.

(3) 영우가 찬영이를 자기 쪽으로 힘을 들이지 않고 가볍게 잡아당겼어요.

(4) 한웅이는 하는 일이 없어 지루하고 재미가 없을 때마다 신나는 노래를 들어요.

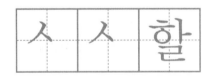

(5) 위험한 행동을 조심하거나 깊이 생각하지 않고 마구 해서는 안 돼요.

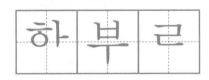

7 국어 공책 쓰기

 다음 문장을 괄호 안의 횟수만큼 띄워서 국어 공책에 옮겨 쓰세요.

(1) 지원이는할머니께꽃을따드렸어요.(4)

							할			
										.

(2) 너때문에옷이다젖었잖아.(4)

								옷		
							.			

(3) 편지를쓸때에는첫인사를어색하지않게적어야해.(7)

				쓸					
				어					
								.	

제 9 과 생각을 키워요(1)

1 탈것

🖉 사람이 타고 다니는 물건을 '탈것'이라고 해요. 그림을 보고 빈칸에 알맞은 낱말을 쓰세요.

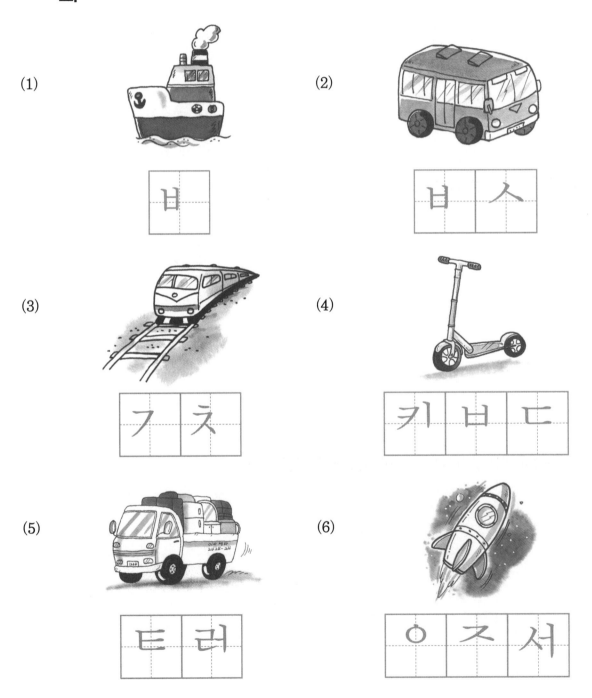

(1)

| ㅂ | |

(2)

| ㅂ | ㅅ |

(3)

| ㄱ | ㅊ |

(4)

| ㅋ | ㅂ | ㄷ |

(5)

| ㅌ | ㄹ |

(6)

| ㅇ | ㅈ | ㅅ |

2 높임말

 다음 문장에 알맞은 낱말을 골라 동그라미 하세요.

(1) 우리 가족은 주말에 할아버지 (댁 / 집)에 놀러 갔어요.

(2) 선생님의 (말 / 말씀)을 집중해서 들어야 해요.

(3) 명희야, 너희 어머니께선 (연세 / 나이)가 어떻게 되시니?

(4) 너희 할머니 (이름 / 성함)이 뭐니?

(5) 이 양말을 할아버지께 선물로 (드리고 / 주고) 싶어요.

(6) 할아버지, (밥 / 진지) 많이 (드세요 / 먹으세요).

3 한글을 만들어요

첫 자음자 ← **감** → 모음자
→ 받침

한글은 첫 자음자, 모음자, 받침으로 글자를 만들 수 있습니다. 첫 자음자, 모음자, 받침 가운데 하나만 바뀌어도 글자의 모양과 소리, 뜻이 달라집니다.

🖊 다음 조건에 알맞은 글자를 찾아 동그라미 하세요.

(1) 종 첫 자음자 바꾸기 → 징 족 공 짝

(2) 말 모음자 바꾸기 → 깔 막 돌 물

(3) 밭 받침 바꾸기 → 봤 방 붙 팥

✏️ 다음 글자를 조건에 맞게 바꾸어 다른 글자로 만들어 쓰세요.

(4) 산 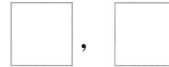 첫 자음자 바꾸기 → □ , □ , □

(5) 걸 모음자 바꾸기 → □ , □ , □

(6) 은 받침 바꾸기 → □ , □ , □

✏️ '첫 자음자, 모음자, 받침' 가운데 하나를 골라 빈칸에 알맞게 쓰세요.

바꾸기 전	바꾼 뒤	무엇이 바뀌었나요?
(7) 강 → 감		
(8) 꿩 → 꽝		
(9) 집 → 입		

4 낱말 뜻풀이

 빈칸에 알맞은 말을 넣어서 밑줄 친 낱말의 뜻을 풀이하세요.

(1) 아윤이는 <u>노력</u> 끝에 백 점을 받았어요.

* 노력: 어떤 일을 이루기 위해 ㅎ 을 씀.

(2) 피아노 <u>연주</u>가 끝나자 사람들이 박수를 쳤어요.

* 연주: 악기를 다루어 ㅇ 아 을 들려주는 일.

(3) 극장에서는 스마트폰의 <u>전원</u>을 꺼 두어야 해요.

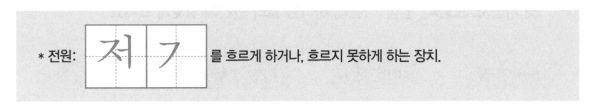

* 전원: 저 ㄱ 를 흐르게 하거나, 흐르지 못하게 하는 장치.

(4) 은희는 딸기를 엄청 좋아해서 <u>별명</u>이 딸기 공주예요.

* 별명: 그 사람의 특징이 나타나도록 남들이 지어 부르는 ㅇ 르 .

(5) 장현이는 태권도 선수가 되려고 하루도 빠짐없이 <u>훈련</u>을 해요.

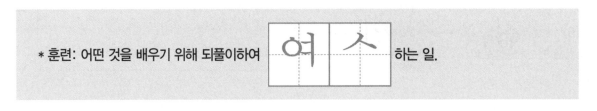

* 훈련: 어떤 것을 배우기 위해 되풀이하여 여 ㅅ 하는 일.

5 '떼'와 '때'

 낱말의 뜻풀이를 읽고, 알맞은 낱말에 동그라미 하세요.

떼	: 행동을 함께하는 무리.
때	: 시간의 어떤 순간이나 부분.

(1) 동국이가 창밖을 볼 (떼 / 때) 번개가 쳤어요.

(2) 집 앞 공원에는 비둘기 (떼 / 때)가 자주 놀러 와요.

싸다	: 값이 보통보다 낮다.
쌓다	: 물건 위에 다른 물건을 여러 겹으로 얹어 놓다.

(3) 이 운동화는 (싸고 / 쌓고) 편해서 마음에 쏙 들어요.

(4) 준희는 읽고 싶은 책을 잔뜩 (싸 / 쌓아) 놓았어요.

돌려주다	: 빌리거나 뺏거나 받은 것을 주인에게 다시 주다.
들려주다	: 소리나 말을 듣게 해 주다.

(5) 은경이가 가장 좋아하는 노래를 소라에게 (돌려줬어요 / 들려줬어요).

(6) 예준이는 권찬이에게 빌린 연필을 금방 (돌려줬어요 / 들려줬어요).

6 바르게 쓰기

 밑줄 친 낱말을 바르게 고쳐 쓰세요.

(1) 칠판에 적힌 <u>글짜</u>가 잘 안 보여요.

(2) 거울아 거울아, 이 <u>새상</u>에서 누가 제일 예쁘니?

(3) 저는 <u>세개</u>에서 제일 유명한 가수가 되고 싶어요.

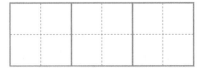

(4) 방바닥에 <u>업드려</u> 공부하면 안 돼요.

(5) 은호가 <u>오랫만에</u> 우리 집에 놀러 왔어요.

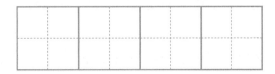

(6) 지후는 어느 길로 가야 할지 몰라 <u>해멨어요</u>.

제 10 과　생각을 키워요(2)

1 물건을 세는 말

 그림을 보고 물건을 세는 말을 알맞게 찾아 쓰세요.

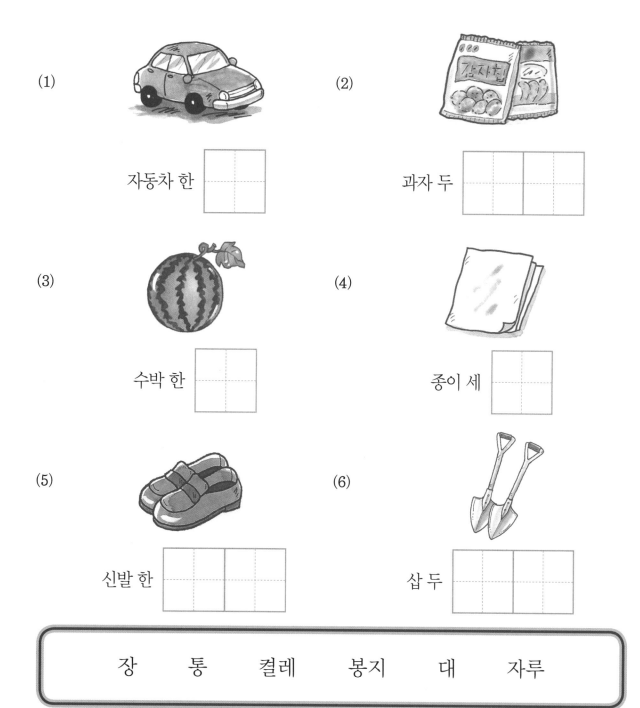

(1) 자동차 한 ☐☐

(2) 과자 두 ☐☐

(3) 수박 한 ☐

(4) 종이 세 ☐

(5) 신발 한 ☐☐☐

(6) 삽 두 ☐☐☐

| 장 | 통 | 컬레 | 봉지 | 대 | 자루 |

2 외래어

외국에서 들어와 쓰이는 낱말을 '외래어'라고 합니다. 다음 설명에 알맞은 외래어를 찾아 선으로 이으세요.

(1)   노트북이나 스마트폰 등을 쓸 때, 선 없이 인터넷을 이용할 수 있게 해 주는 장치.   •

  • 메일

(2)   규칙을 정해 놓고 승부를 겨루는 놀이. 재미를 위해 여러 사람이 함께하기도 한다.   •

  • 게임

(3)   인터넷을 이용하여 컴퓨터나 스마트폰 등으로 주고받는 편지.   •

  • 스크롤

(4)   허리에 걸고 빙빙 돌리는 물건. 가운데가 뚫린 둥근 모양이다.   •

  • 와이파이

(5)   컴퓨터 화면의 내용을 위, 아래, 왼쪽, 오른쪽으로 움직이는 것.   •

  • 훌라후프

3 바꾸어 쓰기

 밑줄 친 부분을 한 낱말로 바꾸어 쓰세요.

(1) 저와 호연이는 <u>지나간 시간이 긴</u> 친구 사이예요.

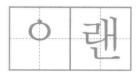

(2) 축구는 저의 <u>하나밖에 없는</u> 취미예요.

(3) 강우의 <u>남에게 드러내어 내세울 만한 일</u>은 달리기예요.

(4) 우찬이는 사진을 보며 예전 기억을 <u>다시 생각나게 하여</u> 보았어요.

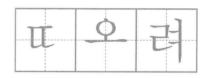

(5) 유미는 <u>잘못도 없이 혼나거나 벌 받아 화나고 답답한 일을 당해서</u> 펑펑 울었어요.

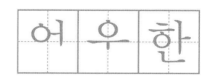

4 무슨 낱말일까요?

🖉 다음 설명에 알맞은 낱말을 찾아 쓰세요.

> 응원   짐작   재치   연구   원리

(1) 어떤 일의 기본이 되는 법칙.

(2) 어떤 상황을 보고 미루어 생각함.

(3) 대상을 자세히 조사하여 원리를 알아냄.

(4) 어떤 상황에서 일을 눈치 빠르고 익숙하게 해내는 솜씨.

(5) 운동 경기 등에서 선수들이 힘을 낼 수 있게 도와줌.

(6) 한복은 우리 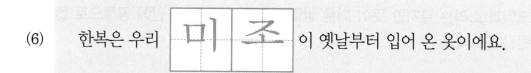 이 옛날부터 입어 온 옷이에요.

* 오랫동안 같은 지역에서 함께 살아 언어와 역사, 문화 등이 같은 사람의 무리.

(7) 승성이는 재빠르게 스마트폰을 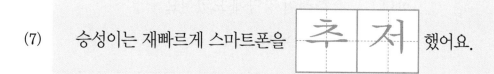 했어요.

* 건전지 등에 전기를 채워 넣음.

(8) 현웅이가 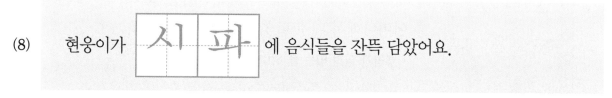 에 음식들을 잔뜩 담았어요.

* 밥과 국, 두세 가지 반찬을 담을 수 있도록 칸이 나누어진 그릇.

(9) 이 숲에는 다양한 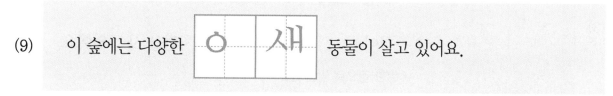 동물이 살고 있어요.

* 사람이 기르지 않고, 산이나 들에서 저절로 나서 자라는 것.

(10) 수정이가 컴퓨터  를 새로 바꾸었어요.

* 남이 알 수 없도록 여러 숫자를 섞어 만든 것.

5 같은 소리, 다른 뜻

 글자의 모양과 소리는 같지만 뜻이 다른 낱말이 있습니다. 괄호 안에 공통으로 들어갈 낱말을 빈칸에 쓰세요.

(1)
ㅈ

① 밥을 먹기 (　　)에 손을 꼭 씻어요.
  * 일정한 때보다 앞. ⑪ 후

② 1학년 (　　) 학생이 강당에 모였어요.
  * 남김없이 전부의. ⑪ 모든

(2)
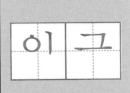

① 주희야, 무슨 일이 있어도 절대 (　　)하지 마!
  * 하려던 일을 중간에 그만둠.

② 어머니께서 배추 다섯 (　　)를 사셨어요.
  * 뿌리가 달려 있는 풀 하나하나를 세는 말.

(3)
이 ㄱ

① 세종은 조선의 네 번째 (　　)이에요.
  * 나라를 다스리는 왕이나 황제를 뜻하는 우리말.

② 큰형이 (　　)을 받아 우리에게 치킨을 사 주었어요.
  * 일한 값으로 받는 돈.

(4)
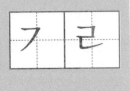

① 이 책은 읽을(　　)가 많아 정말 재밌어요.
  * 어떤 일의 재료.

② 우리 학교 앞 (　　)에는 음식점이 많아요.
  * 사람이나 차가 많이 다니는 길.

6 국어 공책 쓰기

 다음 문장을 괄호 안의 횟수만큼 띄워서 국어 공책에 옮겨 쓰세요.

(1) 대훈이는아버지만큼키가커요.(3)

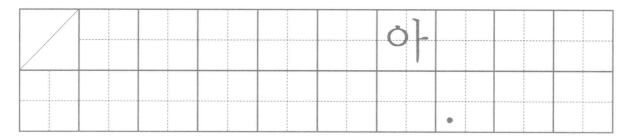

(2) 영돈이는큰훌라후프도잘돌려요.(4)

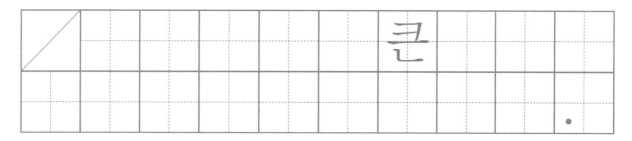

(3) 거짓말을눈치챈토끼는숲속으로도망쳐버렸어요.(5)

1 영화관을 이용하는 방법

✏️ **영화관에서 지켜야 할 규칙입니다. 빈칸에 알맞은 낱말을 넣어 문장을 완성하세요.**

(1) 영화 속 | 자 | 면 | 을 찍지 않아요.

    * 영화, 연극 등의 한 모습.

(2) | 파 | 코 | 등을 먹을 때에는 흘리지 않게 조심해요.

    * 옥수수를 튀긴 음식.

(3) 앞 | ㅈ | 서 | 을 발로 차지 않아요.

    * 앉을 수 있게 준비된 자리.

(4) 옆 사람과 큰 소리로 | ㅇ | ㅇ | ㄱ | 를 나누지 않아요.

    * 자신이 겪은 일이나 마음속에 있는 생각을 남에게 하는 말.

2 '발명'과 '발견'

✏️ 다음 뜻풀이를 읽고 빈칸에 알맞은 낱말을 쓰세요.

| 발명 | : 아직까지 없던 기술이나 물건을 새로 생각하여 만들어 냄. |
| 발견 | : 아직 찾아내지 못했거나 알려지지 않은 것을 찾아냄. |

(1) 수연이는 창고에서 반짝반짝 빛나는 그릇을  했어요.

(2) 글자가  되어서 우리들이 글을 쓸 수 있어요.

| 닿다 | : 두 물체가 맞붙어 사이에 빈틈이 없게 되다. | |
| 땋다 | : 머리카락 등을 두 부분 이상으로 나눈 뒤 서로 어긋나게 올려서 하나로 묶다. | |

(3) 술래의 손이 제 몸에  술래가 되었어요.

(4) 언니가 제 머리를  주었어요.

3 문장 만들기

✏️ 그림을 보고 알맞은 말에 동그라미 하세요.

(1) 하늘에 떠 있는 것은 ⌈ 해예요 / 달이에요 ⌋ .

(2) 저는 지금 ⌈ 즐거워요 / 슬퍼요 ⌋ .

(3) 저는 지금 하늘을 ⌈ 보아요 / 그려요 ⌋ .

4 자음자의 이름

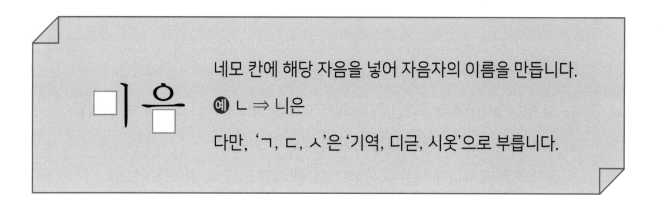

네모 칸에 해당 자음을 넣어 자음자의 이름을 만듭니다.

예 ㄴ ⇒ 니은

다만, 'ㄱ, ㄷ, ㅅ'은 '기역, 디귿, 시옷'으로 부릅니다.

🖊 다음 자음자의 이름을 바르게 쓰세요.

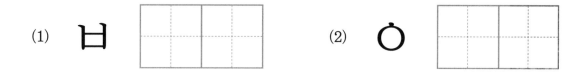

(1) ㅂ

(2) ㅇ

(3) ㅈ

(4) ㅊ

(5) ㅋ

(6) ㅌ

(7) ㅍ

(8) ㅎ

5 띄어 읽기

이렇게 띄어 읽습니다.

1. '누가(무엇이)'에 해당하는 말 뒤에서 ∨ (쐐기표)를 하고 조금 쉬어 읽어요.

2. 쉼표 뒤에서도 ∨ (쐐기표)를 하고 조금 쉬어 읽어요.

3. 문장과 문장 사이에서는 ∨∨ (겹쐐기표)를 하고 조금 더 쉬어 읽어요.

✎ 빈칸에 ∨(쐐기표)나 ∨∨(겹쐐기표)를 넣고 띄어 읽으세요.

(1) 동수는 [　　] 친구와 놀다가 집에 늦게 들어갔어요.

(2) "민성아, [　　] 내가 [　　] 도와줄까?"

(3) '헉, [　　] 지금 몇 시지? [　　] 벌써 6시구나.'

(4) "희성아, [　　] 내일 아침에 바다 구경 갈까?" [　　]

"네, [　　] 좋아요! [　　] 몇 시에 출발할 거예요?"

빈칸에 ∨(쐐기표)나 ∨∨(겹쐐기표)를 넣고 띄어 읽으세요.

(5)

저는 ☐ 학교에서 친구랑 싸웠어요. ☐

친구가 ☐ 제 지우개를 계속 쓰는 거예요. ☐

저는 ☐ 너무 짜증 났어요. ☐

"네 지우개 써!" ☐

저도 모르게 소리를 치고 말았어요. ☐

친구가 ☐ 기분 나빴나 봐요. ☐

"야! ☐ 너랑 이제 안 놀아!" ☐

친구가 ☐ 씩씩 화내며 교실 밖으로 나가 버렸어요. ☐

저는 ☐ 친구랑 친하게 지내고 싶어요. ☐

내일 제가 ☐ 친구에게 사과할 거예요.

6 바르게 쓰기

✏️ **바르게 쓴 낱말에 동그라미 하세요.**

(1) 아침 일찍 공원에 가서 향긋한 꽃 냄새를 ⎡ 맏았어요 ⎤ .
⎣ 맡았어요 ⎦

(2) 어저께 친구랑 시장에서 모락모락 김이 나는 떡볶이를 ⎡ 맛보았어요 ⎤ .
⎣ 맞보았어요 ⎦

(3) ⎡ 낮에는 ⎤ 공부하고 밤에는 잠을 자요.
⎣ 낮에는 ⎦

(4) 농부는 ⎡ 낟으로 ⎤ 벼를 베면서 계속 땀을 닦았어요.
⎣ 낫으로 ⎦

(5) 수업이 끝난 뒤에 짝꿍 현서랑 ⎡ 같이 ⎤ 오순도순 집으로 걸어갔어요.
⎣ 갖이 ⎦

제12과 문장을 읽고 써요(2)

1 안전

 다음 그림을 보고 각 부분에 알맞은 이름을 쓰세요.

(1) | | | ㅅ |

(2) | | | ㅊ |

(3) | | | 과 |

(4) | | ㅎ | ㄱ |

(5) | | ㅎ | 저 |

2 무슨 낱말일까요?

[가]와 [나]에서 한 글자씩 골라 빈칸에 알맞은 낱말을 완성하세요.

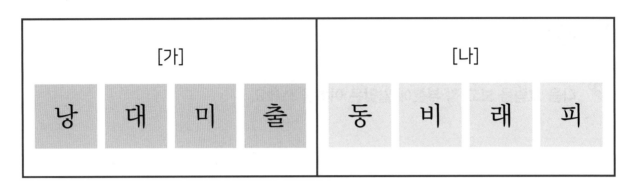

[가]				[나]			
낭	대	미	출	동	비	래	피

(1) 저는 ☐☐ 에 비행기 조종사가 될 거예요.

  * 앞으로 올 시간.

(2) 사람들이 물에 빠지자 빠르게 구조대가 ☐☐ 했어요.

  * 일정한 목적을 이루기 위해서 떠남.

(3) 계곡에서 놀다가 비가 온다면 꾸물거리지 말고 ☐☐ 해야 해요.

  * 피해를 입지 않도록 피함.

(4) 돈을 ☐☐ 하지 않도록, 용돈으로 무엇을 살지 꼼꼼히 적어요.

  * 시간이나 돈 등을 마구 씀.

✏️ **다음을 읽고, 동그라미 속 자음자로 시작하는 낱말을 빈칸에 쓰세요.**

(5)

예 미리가 저에게 슬쩍 다가와서 편지 ㅂ ㅌ 를 주었어요.

뜻 편지나 서류 등을 넣기 위해 만든 주머니.

(6)

예 청소를 ㅇ ㄹ 이서 하니까 금방 끝났어요.

뜻 많은 수의 사람이나 물건.

(7)

예 희원이가 머리를 빗으니 ㄱ ㄹ ㅁ 가 생겼어요.

뜻 이마에서 정수리까지의 머리카락을 양쪽으로 갈랐을 때 생기는 선.

(8)

예 종수는 안 가본 곳인데도 ㅍ ㅈ ㅍ 을 보고 길을 정확히 찾았어요.

뜻 어떤 사실을 알리기 위해 일정한 표시를 해 놓은 판.

3 바꾸어 쓰기

 밑줄 친 부분을 한 낱말로 바꾸어 쓰세요.

(1) 진희는 학원에서 <u>시끄럽게 큰 소리로 말했어요.</u>

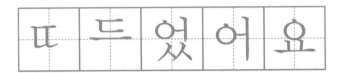

(2) 군인 아저씨는 나라를 <u>적이 쳐들어오지 않게 보호해요.</u>

(3) 축구를 하려면 공이 <u>꼭 있어야 해요.</u>

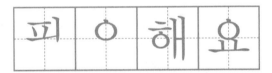

(4) 활짝 핀 벚꽃을 <u>관심 있게 보았어요.</u>

(5) 소방관 아저씨는 불이 난 곳에 물을 <u>골고루 흩어지도록 떨어뜨렸어요.</u>

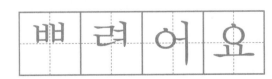

4 흉내 내는 말

✏️ **빈칸에 흉내 내는 말을 알맞게 쓰세요.**

(1) 나연이는 동생이랑 시소를 ⬚ 탔어요.

* 올라갔다 내려갔다 하는 것을 되풀이하는 모양.

(2) ⬚ 흐르는 강에 종이배를 띄웠어요.

* 이리로 저리로 휘어지는 모양.

(3) 자동차 소리에 참새가 ⬚ 날아갔어요.

* 작은 새가 갑자기 날아갈 때 나는 소리나 모양.

(4) 게임에서 이긴 수아가 ⬚ 뛰었어요.

* 짧은 다리를 모으고 힘 있게 뛰는 모양.

(5) 곰이 늑대를 보고 ⬚ 소리를 냈어요.

* 사나운 짐승이 크게 울부짖는 소리나 모양.

> 포르르   깡충깡충
> 오르락내리락   으르렁   꼬불꼬불

5 같은 소리, 다른 뜻

✏️ **밑줄 친 낱말의 뜻을 찾아 번호를 쓰세요.**

말다	① 어떤 일이나 행동을 하지 않거나 그만두다. ② 넓적한 물건을 돌돌 감다.

(1) 민주는 색종이를 둥글게 <u>말아</u> 가방에 넣었어요.　　　　(　)

(2) 찬혁이는 어머니께 걱정 <u>말고</u> 잘 계시라고 말하고 떠났어요.　(　)

세다	① 힘이 많다. ② 수를 헤아리거나 꼽다.

(3) 재선이는 우리 반에서 가장 힘이 <u>세고</u> 키도 제일 커요.　　(　)

(4) 태웅이는 큰 목소리로 다섯을 <u>세고</u> 우리들을 잡으러 다녔어요.　(　)

타다	① 불이 붙어 번지거나 불꽃이 일어나다. ② 탈것이나 동물의 등에 몸을 올리다. ③ 돈이나 상 등을 받다.

(5) 다운이는 매일 아침 버스를 <u>타고</u> 학교에 와요.　　　(　)

(6) 효경이는 미술 대회에서 상을 <u>탔어요</u>.　　　　　(　)

(7) 산불이 나서 많은 나무가 불에 새까맣게 <u>탔어요</u>.　　(　)

6 국어 공책 쓰기

 다음 문장을 괄호 안의 횟수만큼 띄워서 국어 공책에 옮겨 쓰세요.

(1) 머리카락한올이빠졌어요. (3)

							한			
					.					

(2) 장난전화를해서는안돼요. (4)

								해	
						.			

(3) 강아지가풀뜯어먹는모습을본적이있어요. (7)

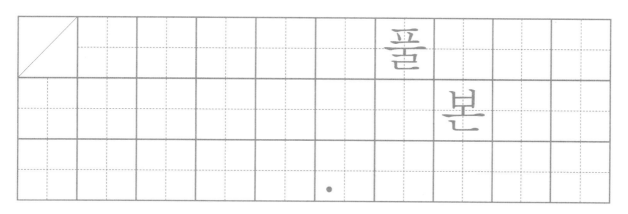

제 **13** 과 　무엇이 중요할까요(1)

1 색종이

✏️ 다음은 색종이 놀이를 하는 방법입니다. 그림에 알맞은 방법을 찾아 쓰세요.

> 접기　　자르기　　뒤집기　　붙이기

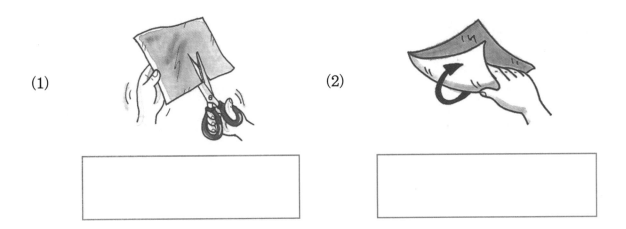

(1)

(2)

(3)

(4)

2 십자말풀이

 낱말 풀이를 읽고, 빈칸에 알맞은 낱말을 쓰세요.

(1)

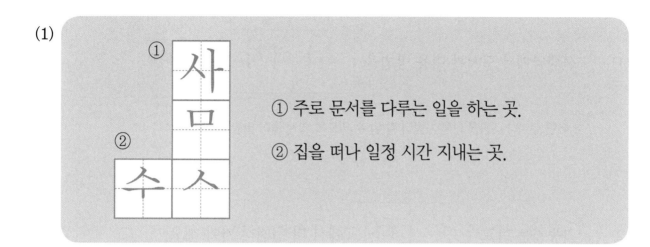

① 주로 문서를 다루는 일을 하는 곳.

② 집을 떠나 일정 시간 지내는 곳.

① 수민이는 아버지의 (   )에 가 보았어요.

② (   )가 넓고 깨끗해서 좋아요.

(2)

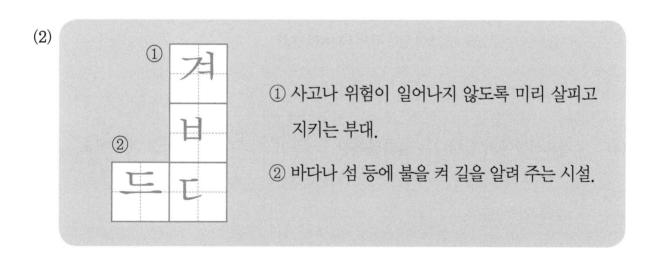

① 사고나 위험이 일어나지 않도록 미리 살피고 지키는 부대.

② 바다나 섬 등에 불을 켜 길을 알려 주는 시설.

① 독도에는 섬을 지키는 (   )가 있어요.

② 배는 깜깜한 밤에 (   )의 빛으로 안전하게 돌아왔어요.

3 무슨 낱말일까요?

 빈칸에 알맞은 낱말을 넣어 문장을 완성하세요.

(1) 선생님께서 도서관 이용 방법을 | 서 | 면 | 해 주셨어요.

  * 어떤 일이나 내용을 다른 사람이 잘 알 수 있도록 쉽게 풀어 말함.

(2) 자동차는 학교 | ㅈ | 벼 | 에서 더 천천히 가야 해요.

  * 무엇에서 멀리 떨어지지 않은 곳.

(3) 지원이는 바다로 여행 갔던 | ㄱ | 어 | 을 떠올렸어요.

  * 이전에 있었던 일을 머릿속에 담아 두거나 되살려 낸 생각.

(4) 결혼식장에서 할머니는 알록달록한 | 하 | 보 | 을 입고 계셨어요.

  * 우리나라의 전통 옷.

(5) 수민이는 박물관에 가서 예술 | 자 | 푸 | 을 구경했어요.

  * 예술 활동으로 만들어 낸 물건.

(6) 새로 생긴 병원은  이 깨끗해요.

* 무언가를 하기 위해 준비된 도구나 기계 등의 장치.

(7) 이 동화는 초등학생들을  으로 쓰였어요.

* 무엇의 상대나 목표가 되는 것.

(8) 문어의 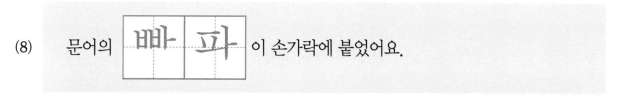 이 손가락에 붙었어요.

* 다른 물체에 달라붙기 위한 기관. 낙지나 문어, 오징어 등의 발에서 볼 수 있다.

(9) 서인이는 부모님의 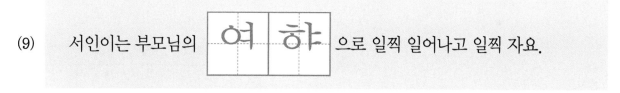 으로 일찍 일어나고 일찍 자요.

* 어떤 것의 성질이 다른 것에 미치는 힘.

(10) 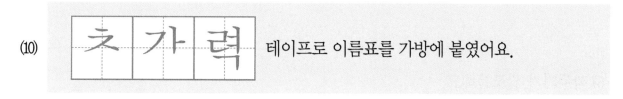 테이프로 이름표를 가방에 붙였어요.

* 보통을 훨씬 넘을 정도로 강한 힘.

(11) 부모님의 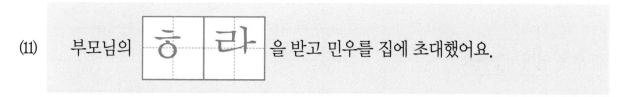 을 받고 민우를 집에 초대했어요.

* 바라는 일을 하도록 들어줌.

4 바르게 쓰기

✏️ **밑줄 친 낱말을 바르게 고쳐 쓰세요.**

(1) 구름 속에서 <u>햇님</u>이 나와 세상이 밝아졌어요.

(2) 친구에게 말을 <u>함부러</u> 하지 말아요.

(3) 버스 앞으로 차가 <u>끼여들어</u> 놀랐어요.

(4) 상혁이가 책을 <u>뚤어지게</u> 봤어요.

(5) 깍두기가 <u>짭쪼름해요.</u>

(6) 문을 <u>열어저쳤어요.</u>

5 꾸며 주는 말

✎ 뜻풀이에 알맞은 낱말을 찾아 넣어 문장을 완성하세요.

> 흔히   벌써   얌전히   멀리

(1) 강아지는 주인이 돌아오기를 [   ] 기다렸어요.

* 태도가 침착하고 조용하게.

(2) 학교에 도착하니 [   ] 9시가 지나 있었어요.

* 미리 생각했던 것보다 빠르게.

(3) 희찬이가 발로 찬 공이 저 [   ] 날아갔어요.

* 어떤 시간이나 장소를 기준으로, 시간이나 거리가 많이 떨어져 있는 상태로.

(4) 개나리는 봄에 [   ] 볼 수 있어요.

* 보통보다 더 자주 일어나서 쉽게 보고 들을 수 있게.

6 비슷한말

 밑줄 친 낱말의 비슷한말을 빈칸에 쓰세요.

(1)
┌ 동건이는 교실에서 친구들과 사진을 <u>찍었어요</u>.
│
└ 높은 건물을 휴대 전화로 | 촬 | 여 | 했 | 어 | 요 | .

(2)
┌ 수업이 끝나면 학교 <u>가까이에</u> 있는 도서관에 가요.
│
└ 집 앞에 | 위 | 치 | 한 | 놀이터에 자주 가서 놀아요.

(3)
┌ 불이 나면 "불이야!" 하고 <u>소리쳐요</u>.
│
└ 사람들이 밖으로 나와 만세를 | 외 | 쳐 | 요 | .

(4)
┌ 수민이가 문제 속 숫자를 <u>더해</u> 답을 적었어요.
│
└ 제 용돈과 동생 용돈을 | 합 | 쳐 | 장난감을 샀어요.

(5)
┌ 누나는 문구점을 <u>둘러보고</u> 가위와 풀을 샀어요.
│
└ 진구가 교실을 | 살 | 펴 | 보 | 고 | 친구를 찾으러 나갔어요.

7 반대말

 빈칸에 알맞은 말을 넣은 뒤, 반대말을 찾아 줄로 연결하세요.

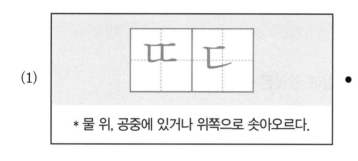

(1)

ㄸ ㄷ

* 물 위, 공중에 있거나 위쪽으로 솟아오르다.

•   • 얻다

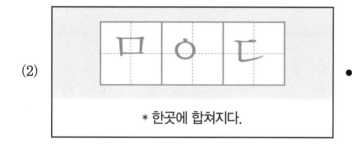

(2)

ㅁ ㅇ ㄷ

* 한곳에 합쳐지다.

•   • 가라앉다

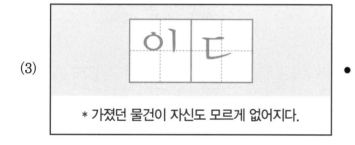

(3)

ㅇ ㄷ

* 가졌던 물건이 자신도 모르게 없어지다.

•   • 붙이다

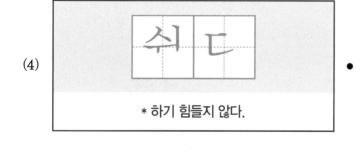

(4)

쉬 ㄷ

* 하기 힘들지 않다.

•   • 어렵다

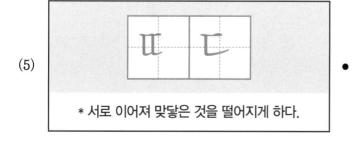

(5)

ㄸ ㄷ

* 서로 이어져 맞닿은 것을 떨어지게 하다.

•   • 흩어지다

제 14 과   무엇이 중요할까요(2)

1 동물과 식물

🖊 다음은 동물과 식물의 이름입니다. 그림에 알맞은 이름을 찾아 쓰세요.

| 민들레 | 강치 | 도꼬마리 | 문어 |

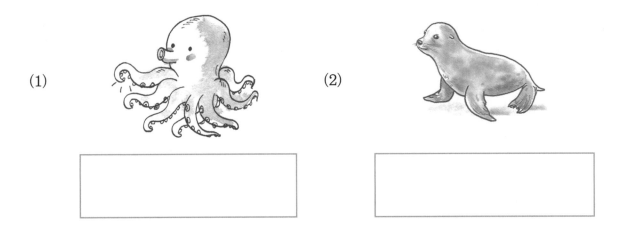

(1)

(2)

(3)

(4)

2 무슨 물건일까요?

 다음 그림과 특징을 보고 빈칸에 알맞은 낱말을 찾아 쓰세요.

(1)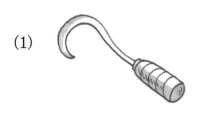

끝이 뾰족하게 휘어진 물건.

(2)

이를 닦는 데 쓰는 솔을 걸어 둘 수 있도록 만든 물건.

(3)

사람을 태우거나 짐을 싣고 하늘을 날아다니는 물건.

(4)

하늘에서 사람이나 물체를 안전하게 땅으로 내리게 하는 물건.

칫솔걸이	낙하산	갈고리	비행기

3 누구일까요?

✏️ 다음 설명에 알맞은 낱말을 찾아 쓰세요.

술래 쌍둥이 주민 대마왕 직원

(1) 일정한 직장에서 일하는 사람.

(2) 한 어머니에게서 한꺼번에 태어난 두 사람.

(3) 놀이에서, 숨은 아이들을 찾아내는 사람.

(4) 일정한 지역에 살고 있는 사람.

(5) 나쁜 귀신들의 왕.

4 바르게 읽고 써요

✏️ **글을 바르게 읽고 쓰는 방법입니다. 빈칸에 알맞은 낱말을 넣어 문장을 완성하세요.**

(1) 글의 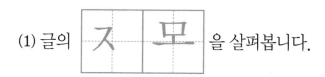 을 살펴봅니다.

    * 책, 노래, 그림 등에서, 내용을 알 수 있도록 붙인 이름.

(2) 글에 여러 번 나온 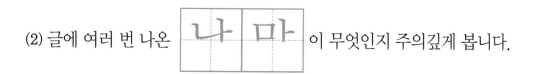 이 무엇인지 주의깊게 봅니다.

    * 혼자 쓰일 수 있는 말.

(3) 글에서 어떤 것을  하고 있는지 생각하며 읽습니다.

    * 잘 알려지지 않았거나 모르는 내용을 알려 줌.

(4) 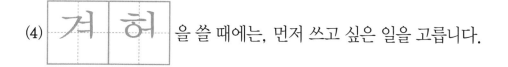 을 쓸 때에는, 먼저 쓰고 싶은 일을 고릅니다.

    * 자신이 실제로 해 보거나 겪어 봄.

(5) 그때 들었던 생각이나 느낌을  표현합니다.

    * 아주 작은 부분까지 분명하게.

5 무슨 뜻일까요?

✏️ **밑줄 친 낱말의 뜻을 찾아 번호를 쓰세요.**

(1) 친구의 말을 <u>철석같이</u> 믿었어요. (   )

　① 자세히 듣지도 않고.

　② 마음이나 의지, 약속 등이 매우 굳고 단단하게.

　③ 즐겁고 기쁘게.

(2) 계속 놀렸더니 현희가 눈을 <u>흘기며</u> 자기 자리로 돌아갔어요. (   )

　① 눈꺼풀을 내려 눈동자를 많이 덮게 해 아래를 보며.

　② 눈을 아래에서 위로 올려 뜨며.

　③ 마음에 들지 않아, 눈동자를 옆으로 굴려 날카롭게 바라보며.

(3) 부모님께 <u>예의</u> 있게 행동해요. (   )

　① 매우 친하고 가까운 느낌.

　② 공손하고 조심하는 말투와 몸가짐.

　③ 남에게 귀엽게 보이려는 태도.

(4) 민규는 물고기를 <u>본뜬</u> 과자를 먹었어요. (   )

　① 모양을 그대로 따라 만든.

　② 안에 넣은.

　③ 물기를 다 날려서 없앤.

6 기분을 나타내는 말

 다음 상황에서 어떤 기분이 들까요? 빈칸에 알맞은 말을 찾아 쓰세요.

(1) 짝꿍 희선이가 쉬는 시간에 친구들 앞에서 웃긴 춤을 추었어요. 희선이의 춤이 무척

 .

(2) 옆집에 사는 지수가 다음 달에 이사 간대요. 맨날 같이 놀던 친구가 떠난다니 너무

 .

(3) 아침에 배탈이 나서 누워 있었어요. 어머니께서 배를 쓰다듬어 주시니 아픈 것이 싹

나았어요. 어머니의 손이 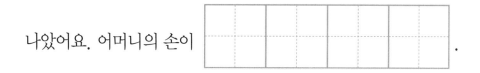 .

(4) 가족들이랑 줄넘기를 하러 나왔어요. 그런데 자꾸 발이 걸려 넘어졌어요. 동생은 줄

을 쌩쌩 넘으며 저를 비웃었어요. 동생이 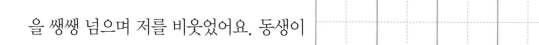 .

아쉬워요   얄미워요   신기해요   우스워요

7 낱말 뜻풀이

 빈칸에 알맞은 말을 넣어서 밑줄 친 낱말의 뜻을 풀이하세요.

(1) 주말에 할아버지와 함께 <u>수목원</u>에 갔어요.

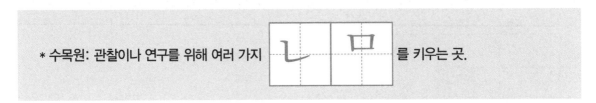

* 수목원: 관찰이나 연구를 위해 여러 가지 ㄴ ㅁ 를 키우는 곳.

(2) 어머니께서 <u>알림장</u>을 보시고는 수업 준비물을 챙겨 주셨어요.

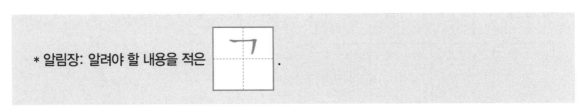

* 알림장: 알려야 할 내용을 적은 ㄱ .

(3) 도희는 장미 <u>가시</u>에 찔려 손가락에서 피가 났어요.

* 가시: 바늘처럼 뾰 족 하 게 내민 것.

(4) 부모님이랑 한 약속은 <u>반드시</u> 지킬 거예요.

* 반드시: 틀림없이 꼭 .

(5) 빗물이 땅에 <u>스며들었어요</u>.

* 스며들었어요: 좁은 틈 으로 들어갔어요.

8 국어 공책 쓰기

 다음 문장을 괄호 안의 횟수만큼 띄워서 국어 공책에 옮겨 쓰세요.

(1) 세번째로좋아하는것은별이에요.(4)

								좋	
									.

(2) 오징어는다리가여러개있어요.(4)

					다		
						.	

(3) 줄넘기를할때에는여럿이줄을돌릴수있어요.(7)

							때	
							돌	
						.		

느끼고 표현해요(1)

1 무엇일까요?

 다음 그림과 설명에 알맞은 낱말을 빈칸에 쓰세요.

(1)

새의 몸을 덮고 있는 털.

기

(2)

집 바깥으로 통하게 만든 커다란 문.

ㄷ

(3)

위아래가 좁고 가운데가 불룩하게 진흙으로 구워 만든 그릇.

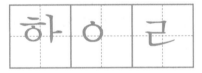

하 ㅇ ㄹ

(4)

여름에 강아지 꼬리 모양의 꽃이 피는 풀.

가 ㅇ ㅈ

2 누구일까요?

 빈칸에 알맞은 사람을 넣어 문장을 완성하세요.

(1) 길을 걷던 처녀 이 할머니의 짐을 대신 들어 주었어요.

    * 젊은 남자.

(2) 농부 는 밭에서 엄청나게 큰 무를 캐내었어요.

    * 직업으로 농사를 짓는 사람.

(3) 문제가 생기면 사람들은 원님 에게 가서 해결해 달라고 부탁해요.

    * 고려 시대와 조선 시대에, 도시를 맡아 다스리던 사람을 높여 이르는 말.

(4) 감히 누가 대감 님 댁에서 도둑질을 했을까?

    * 조선 시대에, 아주 높은 벼슬에 오른 사람을 높여 부르던 말.

(5) 정연이는 학교 가는 길에 옆집 아저씨 를 만나 인사했어요.

    * 친척이 아닌 남자 어른을 가깝게 생각하여 이르는 말.

3 흉내 내는 말

✏️ **빈칸에 흉내 내는 말을 알맞게 넣어 문장을 완성하세요.**

(1) 어머니께서 깨를 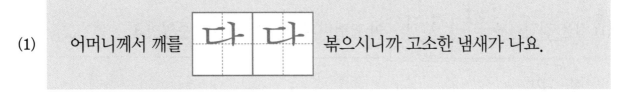 볶으시니까 고소한 냄새가 나요.

　　　* 콩이나 깨 등을 휘저으며 볶는 모양.

(2) 과자를 다 먹어서 간식 상자가 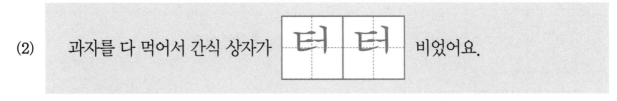 비었어요.

　　　* 아무것도 없는 모양.

(3) 맛있는 미역국이 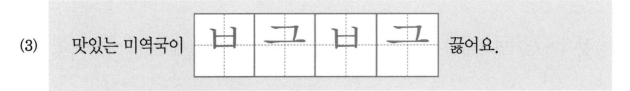 끓어요.

　　　* 적은 양의 액체가 야단스럽게 끓는 소리나 모양.

(4) 할머니 머리카락은 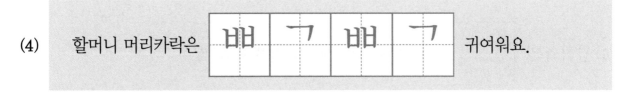 귀여워요.

　　　* 머리카락 등이 짧게 휘어져 잔뜩 뭉쳐 있는 모양.

(5) 강아지 털이 닿으면 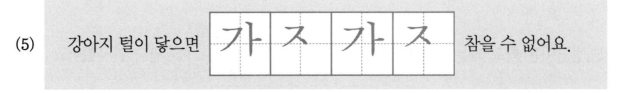 참을 수 없어요.

　　　* 자꾸 간지러운 느낌이 드는 상태.

4 빈

낱말과 낱말은 띄워 써야 합니다.

예 빈 상자

하지만 두 낱말이 결합하여 한 낱말이 되면 붙여 씁니다.

예 빈 + 칸 → 빈칸(비어 있는 칸)

✏️ 다음 뜻을 보고, '빈'으로 시작하는 낱말을 쓰세요.

(1) 아무것도 가진 것이 없는 손.

(2) 사람이 살지 않는 집.

(3) 아무도 살지 않는 방.

(4) 물체와 물체 사이에 비어 있는 사이.

틈

(5) 먹은 것이 없어 비어 있는 배 안.

속

5 비슷한말

✏️ **밑줄 친 낱말의 비슷한말을 빈칸에 쓰세요.**

(1)
┌ 성은이는 가수들의 <u>동작</u>을 따라 했어요.
└ 배우들의 | 모 | 지 | 이 화려해요.

(2)
┌ 우리 <u>식구</u>는 모두 사이가 좋아요.
└ 우리는 지난 주말에 제주도로 | ㄱ | ㅈ | 여행을 다녀왔어요.

(3)
┌ 다시는 거짓말을 하지 않겠다고 어머니께 <u>빌었어요</u>.
└ 놀부는 흥부에게 잘못을 | ㅅ | ㄱ | 했 | 어 | 요 |.

(4)
┌ 베짱이는 자신의 잘못을 <u>반성했어요</u>.
└ 놀부는 과거의 잘못을 | ㄴ | ㅇ | 쳤 | 어 | 요 |.

(5)
┌ 지윤이는 민정이가 자신이 의견에 반대해서 <u>삐쳤어요</u>.
└ 제가 말을 듣지 않아서 현수는 | ㅌ | ㄹ | 졌 | 어 | 요 |.

6 낱말 뜻풀이

 빈칸에 알맞은 말을 넣어서 밑줄 친 부분의 뜻을 풀이하세요.

(1) 교실에 들어온 벌을 보고 아이들은 비명을 <u>질렀어요</u>.

* 질렀어요: 소리를 [　][게] 냈어요.

(2) 희정이는 자기 일은 <u>물론이고</u>, 친구의 일도 잘 챙기는 아이예요.

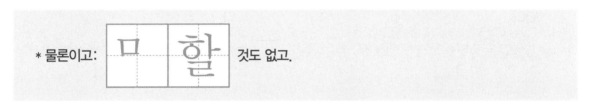

* 물론이고: [ㅁ][할] 것도 없고.

(3) 저는 아침 일찍부터 밭을 <u>갈았어요</u>.

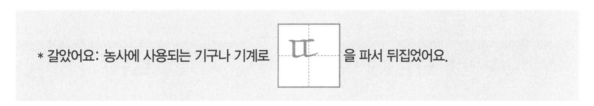

* 갈았어요: 농사에 사용되는 기구나 기계로 [ㄸ]을 파서 뒤집었어요.

(4) 다른 사람의 실수를 <u>부풀려</u> 말하지 말아요.

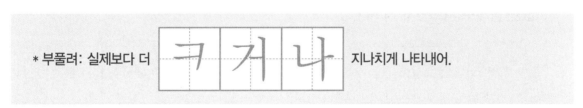

* 부풀려: 실제보다 더 [ㅋ][거][나] 지나치게 나타내어.

(5) 말은 한번 <u>내뱉으면</u> 주워 담을 수 없어요.

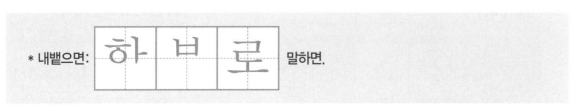

* 내뱉으면: [하][ㅂ][로] 말하면.

7 받침

빈칸에는 같은 받침의 낱말이 들어갑니다. 다음 뜻에 알맞은 낱말을 쓰세요.

(1) 물건을 흙이나 다른 물건 속에 넣어 보이지 않게 쌓아 덮다.

무 ☐ ☐

모르고 있던 것을 알게 되다.

깨 다 ☐

(2) 병이나 상처 등이 고쳐져 원래대로 되다.

나 ☐ ☐

남의 것을 강제로 자기 것으로 만들다.

빼 아 ☐

(3) 물을 받아 놓지 않고 채소나 곡식을 심어 농사짓는 땅.

바 ☐

코로 냄새를 느끼다.

마 ☐ ☐

(4) 음식이나 음식의 재료를 물기가 거의 없는 상태로 저으면서 익히다.

보 ☐ ☐

두 가지 이상의 것을 한데 합치다.

서 ☐ ☐

(5) 가졌던 물건이 없어져 그것을 갖지 않게 되다.

이 ☐ ☐

액체를 몹시 뜨겁게 해 소리를 내면서 거품이 솟아오르게 하다.

끄 이 ☐ ☐

8 십자말풀이

 가로 열쇠와 세로 열쇠를 잘 읽고, 빈칸을 채우세요.

(1)				
닷			(5)	별
		(4)		
(2)	(3)	기		

가로 열쇠

(1) 옷 등을 만들거나 꿰매는 데 쓰는, 가늘고 끝이 뾰족한 물건.

(2) 코 안에 자극을 받아 갑자기 숨을 내뿜는 일.

(4) 고맙게 생각하는 마음.

(5) 서로 오랫동안 만나지 못하고 떨어져 있거나 헤어짐.

세로 열쇠

(1) 서양 요리에 사용하는, 가재 모양의 커다란 새우.

(3) 먹기 위해 밭에서 기르는 풀. 🔵 야채

(4) 콧물, 기침, 열이 나고 목이 아픈 병.

(5) 사는 곳을 다른 데로 옮김.

제 **16** 과　**느끼고 표현해요(2)**

1 외래어로 된 음식

✏ 외국에서 들어와 쓰이는 낱말을 외래어라고 합니다. 다음 그림과 설명을 보고 외래어로 된 음식을 알맞게 쓰세요.

(1)

우유의 기름기를 따로 굳혀서 만든 노란 빛깔의 음식. 빵에 발라 먹거나 요리 재료로 이용한다.

(2)

꽃봉오리(아직 피지 않은 꽃)와 줄기를 먹는 식물. 살짝 익혀 먹거나 다른 요리의 재료로 쓴다.

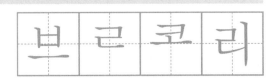

(3)

작게 간 고기를 양념해, 소나 돼지의 창자나 길고 가는 주머니에 채워 넣고 익힌 음식.

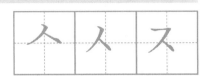

(4)

고기나 채소 등을 삶아서 맛을 낸 국물 음식.

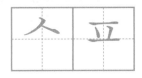

2 기분을 나타내는 말

🖉 **다음 상황에서 어떤 기분이 들까요? 빈칸에 알맞은 말을 찾아 쓰세요.**

(1) 오랜만에 장난감 가게에 갔더니 새로 나온 물건들이 많았어요. 그중에서 예쁜 강아

지 인형이 가장 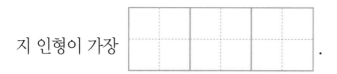 .

(2) 오빠가 무서운 놀이 기구를 타자고 했어요. 그 놀이 기구를 탈 생각을 하니 너무

 .

(3) 설희의 생일 파티에 왔어요. 맛있는 음식을 많이 먹고 친한 친구들과 다 같이 모여

서 노니까 정말 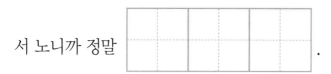 .

(4) 민수는 우리 반에서 춤을 제일 잘 춰요. 게다가 노래도 잘하고 그림도 잘 그려요. 무

엇이든 다 잘하는 민수가  .

신나요	샘나요	겁나요	탐나요

3 무슨 낱말일까요?

 빈칸에 알맞은 낱말을 넣어 문장을 완성하세요.

(1) 우리 반은 〈토끼와 거북이〉 이야기로 | 여 | 그 | 을 할 거예요.

* 배우가 무대 위에서 말과 행동으로 이야기를 전달하는 예술.

(2) 저는 강민이가 수민이를 좋아하는 걸로 | 차 | 각 | 했어요.

* 어떤 사물이나 사실을 실제와 다르게 생각함.

(3) 나그네와 호랑이는 토끼의 | 파 | 결 | 을 따르기로 했어요.

* 옳고 그름을 따져서 정함.

(4) 아이가 사탕을 한 | 우 | 큼 | 집었어요.

* 손으로 한 주먹 움켜쥘 만큼의 양을 세는 말.

(5) 대호는 늦잠을 자서 엄마의 | 자 | ㅅ | ㄹ | 를 들었어요.

* 필요 이상으로 듣기 싫게 꾸짖거나 끼어드는 말.

[가]와 [나]에서 한 글자씩 골라 빈칸에 알맞은 낱말을 완성하세요.

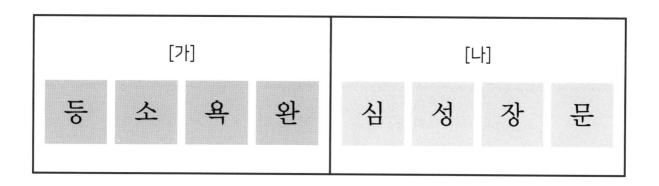

[가]				[나]			
등	소	욕	완	심	성	장	문

(6) 준수가 다른 학교로 간다는 이 있어요.

　* 사람들 사이에서 떠도는 말.

(7) 성희가 그림을 10분 만에 했어요.

　* 일을 완전하게 다 이룸.

(8) 어떤 인물이  하는지 생각하며 작품을 감상해요.

　* 무대나 연극 등에 나옴.

(9) 사자는 고양이의 먹이까지  을 냈어요.

　* 지나치게 어떤 것을 하고 싶어 하거나 가지고 싶어 하는 마음.

4 꾸며 주는 말

✏️ 뜻풀이에 알맞은 낱말을 찾아 넣어 문장을 완성하세요.

> 너무   마침내   분명히   우연히

(1) 이번에는 [   ] 네가 반장이 될 거야.

    * 어떤 사실이 틀림없이 확실하게.

(2) 선우가 열심히 운동하더니 [   ] 달리기에서 일등을 했어요.

    * 드디어 마지막에는.

(3) 병원에서 [   ] 같은 반 친구를 만났어요.

    * 어떤 일이 뜻하지 않게 저절로 이루어져 신기하게.

(4) 우리 집은 여기에서 걸어가기에 [   ] 멀어요.

    * 일정한 정도를 훨씬 넘어선 상태로.

5 바르게 쓰기

 밑줄 친 낱말을 바르게 고쳐 쓰세요.

(1) 아름이가 꽃을 <u>꺽어</u> 희도에게 주었어요.

(2) 친구가 잠깐 집에 <u>들렸다</u> 가라고 했어요.

(3) 공원에서 강아지랑 함께 <u>누었어요</u>.

(4) 고양이가 모든 물건을 <u>깨부시고</u> 있어요.

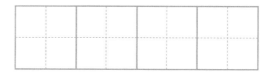

(5) 민기는 <u>자그만한</u> 실수에도 화를 내요.

(6) 어머니는 김치를 <u>끊내주게</u> 만드셨어요.

6 국어 공책 쓰기

 다음 문장을 괄호 안의 횟수만큼 띄워서 국어 공책에 옮겨 쓰세요.

(1) 친구랑노는건정말재밌어요.(4)

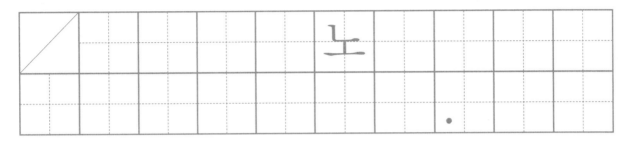

(2) 비가오는걸보니무척기쁜걸.(5)

(3) 부모님께서걱정하셔서집으로일찍올수밖에없어요.(6)

4차 개정판

어린이

훈민정음

기초 문법

띄어쓰기

발음

맞춤법

1-2

정답과 해설

본 교재는 어휘력 향상을 위해 만들었지만, 문장 하나하나도 학습에 도움이 되도록 정성을 기울였습니다. 그러므로 교재에 나오는 예시 문장을 자세히 살펴 문장 학습을 하는 데에 이용하시기 바랍니다.

본 교재는 어휘력은 물론, 맞춤법과 발음, 띄어쓰기, 기초 문법, 원고지 사용법 등을 함께 다루고 있습니다.

제**1**과 기분을 말해요(1) 5쪽

1. (1) 그네
   (2) 미끄럼틀
   (3) 회전 무대
   (4) 정글짐

> (3) 흔히 '뺑뺑이'라고 불리는 '회전 무대'는 아직 국어사전에 담기지 않은 말이다. 하지만 교과서에 실려 문제로 다루었다.

2. (1) 버럭버럭
   (2) 흔들흔들
   (3) 소곤소곤
   (4) 반짝반짝
   (5) 살랑살랑
   (6) 둥실둥실
   (7) 대롱대롱
   (8) 폴짝폴짝
   (9) 울긋불긋

3. (1) 별명
   (2) 화산
   (3) 산소
   (4) 비교
   (5) 교단
   (6) 단풍

4. (1) 뜀틀
   (2) 실감
   (3) 버릇
   (4) 감쪽같이
   (5) 주인공

5. (1) 반갑게
   (2) 흔들며
   (3) 거짓
   (4) 시원해요
   (5) 햇빛

6. (1) 체험
   (2) 괜찮아
   (3) 노랫말
   (4) 블록
   (5) 얘들아
   (6) 쳐다봐요

제**2**과 기분을 말해요(2) 12쪽

1. (1) 펑펑
   (2) 씽씽
   (3) 낑낑
   (4) 휘휘
   (5) 와장창
   (6) 스르륵

(7) 재잘재잘

(8) 후드득

(9) 방긋

2. (1) 기뻐요

   (2) 즐거워요

   (3) 슬퍼요

   (4) 화나요

   (5) 무서워요

   (6) 답답해요

   (7) 부러워요

   (8) 지루해요

   (9) 고마워요

   ⑩ 미안해요

3. (1) 햇볕

   (2) 구름

   (3) 바람

   (4) 번개

   (5) 천둥

4. (1)

| / | 손 | 바 | 닥 | 만 | | 한 | | 잠 | 자 |
| 리 | 가 | | 날 | 아 | 왔 | 어 | 요 | . | |

(2)

| / | 민 | 지 | 가 | | 저 | 를 | | 보 | 고 |
| 도 | | 모 | 른 | | 척 | 했 | 어 | 요 | . |

(3)

/	흉	내		내	는		말	을	
사	용	하	면		실	감		나	게	∨
쓸		수		있	어	요	.		

(1) 만 하다: 앞말이 어느 정도 됨을 나타내는 말.
예 풍선이 고래만 하다.
만하다: ① 어떤 대상이 어떤 행동을 할 이유가 있음을 나타내는 말.
예 이 음식은 한 번쯤 먹을 만하다.
② 앞말의 행동이 가능함을 나타내는 말.
예 참을 만하다.

(2) 척하다: 앞말의 행동이나 상태를 거짓으로 그럴듯하게 꾸밈을 나타내는 말.
예 예쁜 척하다.

(3) 수: 어떤 일을 할 만한 능력이나 어떤 일이 일어날 가능성. 이 말은 앞말과 띄어 쓴다.
예 내가 할 수 없는 일이다.

(3) 한 줄의 끝에 띄어 써야 할 때에도 다음 줄에서는 한 칸 비우지 않는다. 그 대신, 그 줄의 끝에 띄어쓰기 표시를 한다. 꼭 해야 하는 것은 아니지만, 띄어쓰기를 연습할 수 있어 학습에 도움이 된다.

제3과 낱말을 정확하게 읽어요(1)　18쪽

1. (1) 팔꿈치

   (2) 발등

   (3) 꼬리

   (4) 날개

2. (1) 관람

   (2) 전시

   (3) 사진

   (4) 방해

   (5) 주의

3. (1) 맡았다, 흔들었다

   (2) 값, 앉아

   (3) 읽다

   (4) 밟다

   (5) 뚫다

   (6) 없다

   (7) 괜찮다

4. (1) 편지
   (2) 먼지
   (3) 신문
   (4) 이웃
   (5) 요원
   (6) 연
   (7) 페인트
   (8) 발음
   (9) 밭
   (10) 탈출
   (11) 안전모

5. (1) 바위
   (2) 다람쥐
   (3) 주사위
   (4) 까마귀
   (5) 널뛰기

제4과 낱말을 정확하게 읽어요(2) 25쪽

1. (1) 체육관
   (2) 보건실
   (3) 복도
   (4) 급식실
   (5) 도서실

2. (1) 맑다
   (2) 흙을
   (3) 끓어요
   (4) 약값으로
   (5) 여덟
   (6) 없다
   (7) 얇다
   (8) 굵다
   (9) 밝다
   (10) 짧다

(11) 넓다

> 글자 받침에 자음자가 두 개 쓰여도 한 개만 소리 닌다. 뒤에 모음으로 시작하는 말이 오면, 받침의 두 번째 자음자가 뒷말로 넘어가 소리 난다. 다만, 'ㅎ'은 소리 나지 않는다.
>
> (2) 흙을 [흘글]
>
> '[ㄱ], [ㄷ], [ㅂ]'으로 소리 나는 받침 뒤의 'ㄱ, ㄷ, ㅂ, ㅅ, ㅈ'은 된소리(ㄲ, ㄸ, ㅃ, ㅆ, ㅉ)로 소리 난다.
>
> (1) 맑다 [막다] → [막따]
> (4) 약값으로 [약갑스로] → [약깝쓰로]

3. (1) 간신히
   (2) 까닭
   (3) 한참
   (4) 부인
   (5) 건널목

4. (1) ②
   (2) ①
   (3) ③
   (4) ③

> 문제의 오답 풀이
>
> (1) ③ 순간에

5. (1) 개수
   (2) 끓고
   (3) 가엾다
   (4) 부딪쳐서
   (5) 제목

> 낱말과 낱말이 합쳐져 만들어진 말을 '합성어'라고 한다. 둘 이상의 한자어로 이루어진 합성어는 뒷말이 된소리로 소리 나더라도 사이시옷을 적지 않는다. 다만, '곳간, 셋방, 숫자, 찻간, 툇간, 횟수'는 예외로 한다.
>
> (1) 갯수(×) 개수(○)

6. (1)

	쓰	레	기	를		아	무		데
나		버	리	면		안		돼	.

(2)

	지	난	번	에		한		약	속	∨
절	대		어	기	지		마	!		

(3)

	아	버	지	는		씨	앗		하
나	를		흙		속	에		심	고
는		물	을		주	셨	어	요	.

> (2) '지난번', '지난주', '지난달' 등은 '지난'과 다른 낱말이 모여 만들어진 한 낱말이다. 즉 붙여 쓴다.
> 하지만 '이번 주', '다음 달' 등은 한 낱말로 인정받지 못해 띄어 써야 한다.

제5과 그림일기를 써요(1)   32쪽

1. (1) 탐험가
   (2) 화가
   (3) 발명가
   (4) 작사가

2. (1) 꿈
   (2) 쌀
   (3) 뿌리
   (4) 쓰레기
   (5) 찌개
   (6) 떡볶이

3. (1) 날씨
   (2) 그림
   (3) 느낌
   (4) 쨍쨍
   (5) 운동장
   (6) 줄넘기
   (7) 오늘

> 국어 공책이나 일기장에 글을 쓸 때, 우리글은 한 칸에 한 글자만 적는다. 하지만 숫자는 한 칸에 두 자씩 쓴다.

4. (1) 간단히
   (2) 간신히
   (3) 자세히
   (4) 간절히
   (5) 충분히

5. (1) 북극
   (2) 입학
   (3) 서요
   (4) 자요
   (5) 시끄러워요

6. (1) 댁
   (2) 자세
   (3) 빨갛게
   (4) 깊어서
   (5) 돗자리
   (6) 궁금해

> (1) 댁: '집'의 높임말.

제6과 그림일기를 써요(2)   39쪽

1. (1) 농장
   (2) 공원
   (3) 박물관
   (4) 과수원

2. (1) 듣습니다

(2) 적습니다

(3) 담습니다

(4) 그립니다

(5) 말합니다

(6) 정리합니다

3. (1) 숲

(2) 벌레

(3) 붙어

(4) 굉장히

4. (1) 이불

(2) 안내

(3) 대회

(4) 체험

(5) 견학

(6) 집중

(7) 발표

(8) 대화

(9) 생각

(10) 칭찬

5. (1) 글

(2) 얼굴

(3) 장난감

(4) 물건

(5) 행동

6. (1)

	사	과	를		직	접		따
보	니		재	미	있	어	요	.

(2)

	어	떻	게		그	런		말	을	∨
할		수		있	니	?				

(3)

	오	늘	은		언	니		대	신	∨
예	린	이	가		방		정	리	를	∨
해		보	렴	.						

(1), (3) 보조용언 '보다'는 앞말과 붙여 쓸 수도 있다. 하지만 여기서는 띄어쓰기 횟수가 정해져 있으므로 그에 맞추어 띄어 쓴다.

제7과 감동을 나누어요(1)   46쪽

1. (1) 맷돌

(2) 궁궐

(3) 반찬

(4) 도둑

2. (1) 행동

(2) 표정

(3) 정리

(4) 장면

3. (1)

	"	준수야, 이거 쓸래?	"

(2)

	'	나도 친구들을 잘 도와주어야지!	'

큰따옴표와 작은따옴표의 위치를 꼼꼼히 살펴서 정확한 위치에 쓴다.

4. (1)

	"	선	생	님	,		안	녕	하	세
요	?	"								

(2)

	'	나	도		커	서		선	생
님	이		되	어	야	지	.	'	
하	고		생	각	했	어	요	.	

5. (1) ②
   (2) ③
   (3) ③
   (4) ①

> **문제의 오답 풀이**
>
> (1) ③ 다행히
> (2) ① 천천히
> (4) ③ 엎드려

6. (1) 점점
   (2) 몰래
   (3) 자꾸
   (4) 그냥

7. (1) 말
   (2) 뚝
   (3) 고개
   (4) 적다

8. (1) 차례
   (2) 주위
   (3) 진짜
   (4) 귀한
   (5) 거짓말

제8과 감동을 나누어요(2)   54쪽

1. (1) 타다
   (2) 먹다
   (3) 씻다
   (4) 닦다
   (5) 돌리다
   (6) 묶다

2. (1) 저녁
   (2) 새벽

(3) 옛날
(4) 이튿날

3. (1) 바닷속
   (2) 콧등
   (3) 고깃배
   (4) 잇몸
   (5) 노랫말
   (6) 시냇물
   (7) 나뭇잎
   (8) 뒷일

> 낱말과 낱말이 합쳐져 새로운 낱말이 만들어질 때 사이시옷이 붙기도 한다. 다음 세 경우에 사이시옷이 쓰인다.
>
> (1) ~ (3) 앞말이 모음으로 끝나고 뒷말의 예사소리(ㄱ, ㄷ, ㅂ, ㅅ, ㅈ)가 된소리(ㄲ, ㄸ, ㅃ, ㅆ, ㅉ)로 소리 나는 경우.
> (1) 바다 + 속 → 바닷속 [바다쏙] / [바닫쏙]
>
> (4) ~ (6) 앞말이 모음으로 끝나고 뒷말이 'ㄴ'이나 'ㅁ'으로 시작할 때, 앞말의 받침으로 'ㄴ'이 덧나는 경우.
> (4) 이 + 몸 → 잇몸 [인몸]
>
> (7) ~ (8) 앞말이 모음으로 끝나고 뒷말이 모음으로 시작해 'ㄴㄴ'이 덧나는 경우.
> (7) 나무 + 잎 → 나뭇잎 [나문닙]

4. (1) 벌렁
   (2) 깜짝
   (3) 으쓱
   (4) 질끈

5. (1) 감동
   (2) 후회
   (3) 용기
   (4) 의심
   (5) 도전
   (6) 도망
   (7) 변장
   (8) 구덩이

(9) 고약한

(10) 기우뚱거려요

6.(1) 부자

(2) 중심

(3) 살짝

(4) 심심할

(5) 함부로

7.(1)

	지	원	이	는		할	머	니	께	∨
꽃	을		따		드	렸	어	요	.	

(2)

	너		때	문	에		옷	이	
다		젖	었	잖	아	.			

(3)

	편	지	를		쓸		때	에	는	∨
첫	인	사	를		어	색	하	지		
않	게		적	어	야		해	.		

제9과 생각을 키워요(1) 62쪽

1.(1) 배

(2) 버스

(3) 기차

(4) 킥보드

(5) 트럭

(6) 우주선

2.(1) 댁

(2) 말씀

(3) 연세

(4) 성함

(5) 드리고

(6) 진지, 드세요

3.(1) 공

(2) 물

(3) 방

(4) 간, 안, 잔 등

(5) 골, 굴, 길 등

(6) 음, 읍, 응 등

(7) 받침

(8) 모음자

(9) 첫 자음자

(4) ~ (6)의 답은 위에 제시한 것 외에도 많다. 첫 자음자, 모음자, 받침을 잘 바꾸었는지 확인하여 채점한다.

4.(1) 힘

(2) 음악

(3) 전기

(4) 이름

(5) 연습

5.(1) 때

(2) 떼

(3) 싸고

(4) 쌓아

(5) 들려줬어요

(6) 돌려줬어요

6.(1) 글자

(2) 세상

(3) 세계

(4) 엎드려

(5) 오랜만에

(6) 헤맸어요

제10과 생각을 키워요(2) 69쪽

1.(1) 대

(2) 봉지

(3) 통

(4) 장

(5) 켤레

(6) 자루

2.(1)
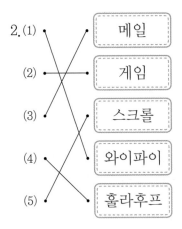

메일

게임

스크롤

와이파이

훌라후프

3.(1) 오랜

(2) 유일한

(3) 자랑거리

(4) 떠올려

(5) 억울한

4.(1) 원리

(2) 짐작

(3) 연구

(4) 재치

(5) 응원

(6) 민족

(7) 충전

(8) 식판

(9) 야생

(10) 비밀번호

5.(1) 전

(2) 포기

(3) 임금

(4) 거리

6. (1)

	대	훈	이	는		아	버	지	만
큼		키	가		커	요	.		

(2)

	영	돈	이	는		큰		훌	라
후	프	도		잘		돌	려	요	.

(3)

	거	짓	말	을		눈	치	챈	
토	끼	는		숲	속	으	로		도
망	쳐		버	렸	어	요	.		

(1) 만큼: ① 앞 내용의 양이나 정도를 나타내는 말.
예 눈 깜빡할 만큼 짧은 시간.
② 뒤 내용의 원인이나 근거임을 나타내는 말.
예 친구들이 응원해 주는 만큼 우리도 최선을 다해야 한다.
③ 앞말과 비슷한 정도임을 나타내는 말.
예 나도 너만큼은 할 수 있어.
①, ②의 뜻으로 쓰일 때에는 앞말과 띄워야 한다. ③의 쓰임에서는 앞말과 붙인다.

(3) 숲속: 숲의 안쪽.

제11과 문장을 읽고 써요(1) 76쪽

1.(1) 장면

(2) 팝콘

(3) 좌석

(4) 이야기

2.(1) 발견

(2) 발명

(3) 닿아

(4) 땋아

3.(1) 달이에요

(2) 즐거워요

(3) 보아요

4.(1) 비읍

(2) 이응

(3) 지읒

(4) 치읓

(5) 키읔

(6) 티읕

(7) 피읖

(8) 히읗

5.(1) ∨

(2) ∨, ∨

(3) ∨, ⩔

(4) ∨, ⩔, ∨, ⩔

(5)

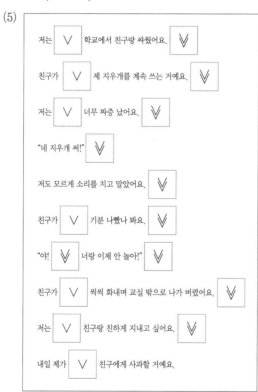

6.(1) 맡았어요

(2) 맛보았어요

(3) 낮에는

(4) 낫으로

(5) 같이

우리말 받침에 'ㄱ, ㄴ, ㄷ, ㄹ, ㅁ, ㅂ, ㅇ' 이외의 자음자가 쓰이더라도 이 일곱 소리로만 발음한다는 규칙을 '음절의 끝소리 규칙'이라고 한다.

· ㄱ, ㅋ 받침 → [ㄱ]

예 부엌 [부억]

· ㄷ, ㅅ, ㅈ, ㅊ, ㅌ, ㅎ 받침 → [ㄷ]

예 빗 [빋], 빚 [빋], 빛 [빋], 밭 [받], 히읗 [히읃]

· ㅂ, ㅍ 받침 → [ㅂ]

예 숲 [숩]

(2) 맛보았어요 [맏뽀앋써요]

하지만 모음으로 시작하는 말이 뒤에 오면 받침이 뒷말로 넘어가 그대로 소리 난다.

(1) 맡았어요 [마탇써요]

(3) 낮에는 [나제는]

(4) 낫으로 [나스로]

(5) '같이'의 받침 'ㅌ'은 뒷말의 모음 'ㅣ'를 만나 'ㅊ'으로 바뀌어 소리 난다. 이런 현상을 '구개음화'라고 한다.

같이 [가티] → [가치]

제12과 문장을 읽고 써요(2) 83쪽

1.(1) 소방서

(2) 소방차

(3) 소방관

(4) 소화기

(5) 소화전

2.(1) 미래

(2) 출동

(3) 대피

(4) 낭비

(5) 봉투

(6) 여럿

(7) 가르마

(8) 표지판

3.(1) 떠들었어요

(2) 지켜요

(3) 필요해요

(4) 구경했어요

(5) 뿌렸어요

4.(1) 오르락내리락

(2) 꼬불꼬불

(3) 포르르

(4) 깡충깡충

(5) 으르렁

5.(1) ②

(2) ①

(3) ①

(4) ②

(5) ②

(6) ③

(7) ①

6.(1)

/	머	리	카	락		한		올	이	∨
빠	졌	어	요	.						

(2)

/	장	난		전	화	를		해	서
는		안		돼	요	.			

(3)

/	강	아	지	가		풀		뜯	어	∨
먹	는		모	습	을		본		적	
이		있	어	요	.					

제13과 무엇이 중요할까요(1)   90쪽

1.(1) 자르기

(2) 뒤집기

(3) 접기

(4) 붙이기

2.(1) ① 사무소

② 숙소

(2) ① 경비대

② 등대

3.(1) 설명

(2) 주변

(3) 기억

(4) 한복

(5) 작품

(6) 시설

(7) 대상

(8) 빨판

(9) 영향

(10) 초강력

(11) 허락

4.(1) 해님

(2) 함부로

(3) 끼어들어

(4) 뚫어지게

(5) 짭조름해요

(6) 열어젖혔어요

(1) '햇님'은 '해님'의 잘못된 표현이다. 사이시옷은 낱말과 낱말이 합쳐질 때에만 붙는다. '해님'의 '해'는 낱말이지만, '-님'은 낱말이 아니므로 - '-님'은 접미사 (낱말 뒤에 붙어 새로운 단어가 되게 하는 말)다. - '해' 뒤에 사이시옷이 쓰이지 않는다.

5.(1) 얌전히

(2) 벌써

(3) 멀리

(4) 흔히

6.(1) 촬영했어요

(2) 위치한

(3) 외쳐요

(4) 합쳐

(5) 살펴보고

7. (1) 뜨다 → 가라앉다
(2) 모이다 → 흩어지다
(3) 잃다 → 얻다
(4) 쉽다 → 어렵다
(5) 떼다 → 붙이다

제14과 무엇이 중요할까요(2) 98쪽

1. (1) 문어
(2) 강치
(3) 민들레
(4) 도꼬마리

2. (1) 갈고리
(2) 칫솔걸이
(3) 비행기
(4) 낙하산

(2) '칫솔걸이'는 국어사전에 담기지 않은 말이다. 하지만 교과서에 실려 문제로 다루었다.

3. (1) 직원
(2) 쌍둥이
(3) 술래
(4) 주민
(5) 대마왕

4. (1) 제목
(2) 낱말
(3) 소개
(4) 경험
(5) 자세하게

5. (1) ②
(2) ③

(3) ②

(4) ①

문제의 오답 풀이

(2) ① 내리깔며, ② 치켜뜨며
(3) ① 친밀감, ③ 애교
(4) ③ 말린

6. (1) 우스워요
(2) 아쉬워요
(3) 신기해요
(4) 얄미워요

7. (1) 나무
(2) 글
(3) 뾰족하게
(4) 꼭
(5) 틈

8. (1)

	세	번	째	로		좋	아	하
는		것	은		별	이	에	요	.

(2)

	오	징	어	는		다	리	가
여	러		개		있	어	요	.

(3)

	줄	넘	기	를		할		때	에
는		여	럿	이		줄	을		돌
릴		수		있	어	요	.		

제15과 느끼고 표현해요(1) 106쪽

1. (1) 깃털
(2) 대문

(3) 항아리

(4) 강아지풀

2. (1) 청년

(2) 농부

(3) 원님

(4) 대감

(5) 아저씨

3. (1) 달달

(2) 텅텅

(3) 보글보글

(4) 뽀글뽀글

(5) 간질간질

4. (1) 빈손

(2) 빈집

(3) 빈방

(4) 빈틈

(5) 빈속

5. (1) 몸짓

(2) 가족

(3) 사과했어요

(4) 뉘우쳤어요

(5) 토라졌어요

6. (1) 크게

(2) 말할

(3) 땅

(4) 크거나

(5) 함부로

7. (1) 묻다, 깨닫다

(2) 낫다, 빼앗다

(3) 밭, 맡다

(4) 볶다, 섞다

(5) 잃다, 끓이다

8.

(1)바	늘		
닷		(5)이	별
가		(4)감	사	
(2)재	(3)채	기	
	소		

제16과 느끼고 표현해요(2) 114쪽

1. (1) 버터

(2) 브로콜리

(3) 소시지

(4) 수프

2. (1) 탐나요

(2) 겁나요

(3) 신나요

(4) 샘나요

3. (1) 연극

(2) 착각

(3) 판결

(4) 움큼

(5) 잔소리

(6) 소문

(7) 완성

(8) 등장

(9) 욕심

4. (1) 분명히

(2) 마침내

(3) 우연히

(4) 너무

5. (1) 꺾어

(2) 들렀다

(3) 누웠어요

(4) 깨부수고

(5) 자그마한

(6) 끝내주게

> (2) 들르다: 지나는 길에 잠깐 들어가 머무르다.
> '들르지', '들러', '들렀다' 등으로 쓰인다.
>
> (3) 눕다: 몸을 바닥 등에 닿도록 놓다.
> '눕고', '누우니', '누웠다' 등으로 쓰인다.

6. (1)

	친	구	랑		노	는		건	
정	말		재	밌	어	요	.		

(2)

	비	가		오	는		걸		보
니		무	척		기	쁜	걸	.	

(3)

	부	모	님	께	서		걱	정	하
셔	서		집	으	로		일	찍	
올		수	밖	에		없	어	요	.

> (2) 첫째 줄의 '걸'은 '것을'의 준말(한 부분이 줄어들어 만들어진 말)로, 앞말과 띄어 쓴다.
> '기쁜걸'의 '-ㄴ걸'은 감탄의 뜻을 나타내는 말로, 앞말에 붙여 쓴다.
>
> (3) '밖에'는 '그것 말고'의 뜻으로, 주로 부정을 나타내는 말과 함께 쓰인다. 앞말에 붙여 쓴다.